暢　銷　慶　功　版

行動的力量

21 心想事成的密碼

JUST CHANGE IT

來自CEO的推薦

沒有行動的想法，都只是在腦中的吉光片羽。只有讓想法變成行動，才能成為改變生命的力量。

——田定豐（豐文創創辦人）

憲哥是一個百分百的行動派，對於自己想做的事情，絕對目標明確，行動迅速。寫書、主持廣播、寫專欄、企業內訓，有時候會讓我有這種錯覺，他的一天到底有幾個小時？憲哥對於專注事物的熱情，常常能強烈感染周圍的朋友，如果他是降落傘的教練，我還真的怕我會義無反顧地跳下去，因為他實在太有說服力了！「一千個想法不如一個行動」是憲哥的名言之一，也是缺乏改變勇氣的人，最需要的一句金玉良言。

——田鴻魁（FOX體育台主播）

在安捷倫的每一天，他是最能激勵人心的夥伴；在工作上，他一向是使命必達。在工作之餘，他仍是充滿著精力。在文憲身邊，我們總是可以感受到他無限的熱情。他是如何做到的？讓我們一起透過本書，發覺文憲的密碼，開發自己無限的潛能。

——張志銘（台灣是德科技董事長）

全力以赴、堅持到底。文憲的成功和經驗，卓越的詮釋了他人生的基本信念。

——張財星（台達電子歐洲區總經理）

憲哥身上有一種獨特的感染力，跟著他，你會不自覺微笑、思考、行動著，直到發現自己突然變成一個開朗積極的人。他擅長在生活中實驗理論，並把這些概念記錄下來，成為人人可以學習的法則。於我而言，他不只是擅長引導人走向改變的導師，也是以身作則的生活實踐家。

——許皓宜（諮商心理師）

憲哥，是一位夢想者，更是一位行動實踐家！夢想，使他總有勇氣不斷突破與改變，成為人人為之著迷的「憲哥」。而他堅持信念，持續行動所累積出來的巨大力量，才是一直能站在各大舞台上影響、征服千萬人的真正原因！憲哥，他是我最推崇的人生職場導師。在我心目中，更是一位擁有強大熱情及生命力的偉大行動革命家！看完這本書，你就會知道他為何深具行動的智慧，又令人為他瘋狂！

——許景泰（SmartM世紀智庫創辦人）

追求夢想，需要勇氣，但勇氣不是人人都有的。憲哥一篇篇自我挑戰的故事，讓人熱血澎湃！想生出勇氣跨出舒適圈、勇敢面對自己的不足？這是一本好書，值得推薦給所有正在舒適圈邊緣猶豫的朋友。

——葉丙成（台大電機系教授、PaGamO共同創辦人）

來自各界人士的推薦

行動的力量對我而言就是：「滴水穿石，日積月累」，量變，終究會導致質變。

——王誠一（新店耕莘醫院胸腔內科主任）

「行動的力量是一顆具有爆發力的種子，推動讀者豐盛自己的人生。」

——詹乃凡（聯合報教育事業部寫作教師）

你沒有邁出的道路，有人正在跨步；你沒有活出的精彩，有人正在經歷，行動吧！憲哥挺你！

——陳琦恩（台灣潛水白金課程總監）

夢想，想的簡單，卻不易做到。「行動的力量」對我來說，是實現夢想的不二法門。

——黃川原（川原肉圓負責人）

行動的力量會讓你跨出最艱難的第一步，而憲哥就像在起跑線上，為我鳴槍的人。

——Eva（女人進階部落客）

人生苦短，學習苦更短，惟有行動的力量，才能截長補短。

——鄧政雄（揚信牙醫院長）

「改變的勇氣」全國巡迴演講，做就對了，就是行動的力量最好範例！

——游皓雲（雲飛語言文化中心負責人）

行動的力量是股小宇宙，燃起這股小宇宙，改變不須洪荒之力。

——陳如怡（華碩服務專案經理）

推薦序

改變與創新原來這麼簡單

何飛鵬

我在二〇一〇年六月時，因為痞客邦的邀約，參加了一場由文憲主講的「高績效團隊與領導課程」，他談到了「改變」，當下，我真是心有戚戚焉。

就像文憲在書中所說，在改變的過程中，最怕的就是認定：我的性格就是這樣，在我看來，性格或許不能徹底改變，但如果知道自己的缺點而努力去控制，慢慢練習在突發事件時穩定情緒，並積極嘗試改變行動！不就是個得分的契機嗎？

管理大師彼得．杜拉克也曾說「創造性破壞」的意義，為了生存，為了讓自己贏這場比賽，每家公司、每個人都必須尋求進步，帶動「創新」，因此「打破均衡，就是創新」也就是行動的開始。

任何人，在應對各種環境時，能夠適時地調整心態，從一開始觀察、沉潛，進而帶動他人一起進步，這就是改變行動的進程。任何公司，因應競爭者的進入、市場或環境的變化，嘗試創新的政策，打破以往平衡的狀態，也是「改變」。

改變可能沒有結果，可能徒勞無功，甚至做錯，讓你受傷，但不行動絕對不會有更好的結果，日子一久，或許連現狀都保不住，拒絕改變、拒絕創新，就是拒絕進步，只會更壞、不會更好。沉迷在舒適圈中不變、迷戀過去不變、害怕變壞不變，都是進步與創新的敵人。

文憲是一位很有行動力的人。他不僅止於呼喊口號，而是先對一般大眾的困境感同身受，接著運用專業與自身的魅力，潛移默化，或說之以理，引導人們「自願」走上「改變」之路。他是一位認真的工作者，也絕對是一位優秀的教練（coach）。

看完文憲的書，猶如看完管理大師彼得．杜拉克的書，發現「改變」與「創新」原來這麼簡單，只消一個念頭、一個行動，就能讓未來如此不同。

（本文作者為城邦出版集團首席執行長）

作者序

人生就是如此奇妙，沒來由的第二人生，就在《行動的力量》出版之後發生了。

機會與威脅

從十五年的職場跑道離開後自行創業，這一條路走著走著，很快就因為急速竄紅而遇到瓶頸了。創業後的第二年，面對人生四十歲的關卡，希望好好把自己人生前半段的經驗與歷程，用文字的方式跟大家分享。這時的我意氣風發，課程從來沒缺過，大陸台灣兩地都有機會與市場，但心裡卻覺得自己只是一個很會上課的通告藝人。

四十歲，多麼恐怖與難堪的數字，對於未來看似一切美好，心靈卻是無比的枯竭與乾涸。沒錯，夢想需要行動，於是我開始洽談出版社，雖然到處碰壁，但日子還是過得不愁吃穿，不過出書的夢想，總是沒來由的、時常的，狂敲自己心裡的那扇門。

現在回想，幸好我四十歲時沒成功出書，越發沉潛兩年後的自己，得到新的機會時便顯得格外珍惜。如今的我，很能體會想要出書的年輕作者，他們內心的掙扎與殷殷期盼前輩拉他們一把的心，無論找我寫推薦序或是任何形式的幫忙，我都願意。

沒有目的，就會達成目的

真的，當時的自己卑微的只想出一本書而已，沒想到行動的力量好似狂潮襲來，讓我的作家第二人生，一發不可收拾。

於是大家看到的，四年內出版了七個作品，《商業周刊》、《蘋果日報》、「遠見華人職場專欄」幫助我推向高峰；廣播主持人的新身分，好似買一送一的極大優惠，第二人生的新契機，墊高了我第一人生的價值，席捲而來。

談談讀者吧。

六年來，我至少收集了上百個成功案例，因為這本書，因為開始的小小念頭，我沒預料到許多讀者與我分享他們因為行動的力量，觸發了他們行動的契機，開展了內心改變的潛能。

無論是出版一本自己的書、橫渡日月潭、登上TED×Taipei舞台、南美奧運之旅、參加超級馬拉松、減重成功、學習英文、走上職業講師之路、簡報大躍進、面對自身缺憾勇敢走出困境、重新面對寫作的喜悅、早起、打工遊學、改善親子或夫妻關係，甚至是勇敢離職。

尤其是離職，大概有百分之四十的讀者跟我分享他們看了我的書之後，勇敢跳出舒適圈的離職經驗，「害我」變成各大企業老闆眼中的職場導師，這算是意外收穫吧？一開始，我沒想到會有這些讀者的反饋，沒想到，我一路卻走到這裡。

第二人生的起點

我把二〇一一年（民國一百年）當作我第二人生的起點，它不用剛好是四十歲，有時我們常被計畫給框架住，想想自己幾歲要幹嘛？幾歲要幹嘛？有一個大方向是好的，但使勁讓自己走向照表操課的人生，那有何意義？

雖然計畫趕不上變化，我還是有個方向的，那個方向感說不上來，與其說「是我賦予行動的力量新生命」，倒不如說「是行動的力量賦予我人生方向感」。

我知道行動的力量裡面有許多想法是理想狀態，理想狀態始終無法對抗人的貪婪與懶惰，但我知道這些理想狀態是牽引我繼續向前的方向盤，但也正因為我出版了這本書，它也帶領我走向更好的人生。

我因為這本書，維持了四年的職場專欄作家的不中斷寫作、更維持了四年廣播節目主持人的新舞台、開展影音新節目、用餐廳新平台串聯夢想舞台、用憲福育創觸發創業新契機、用全國巡迴演講讓自己與大家都成為更好的人、用自費到瑞典參加世界拔河比賽讓周圍的朋友一睹熱血賽事，「持續壯大自己，再拉他人一把」，成為行動的力量最佳的詮釋金句。

你們說：「是憲哥影響了你」，我想說：「是您們的行動力影響了我，沒有您們經典的故事，我哪來行動的力量？」

始料未及的行動力，向我席捲而來，而初衷只是蝴蝶效應罷了。

故事還沒結束

出版社在本書出版六年後的今天，特別選在我四十八歲生日前夕重新再版本書，如此隆重盛大的意義不是重點，我想談談這段時間影響我很深的人。

福哥，我的最佳夥伴，事業上與情感上的寄託；Tracy與芋頭，我的最佳助手；湘鈴、小卡，理念相同的好夥伴；景泰、小美、Allen，跨產業交流的觸發者；仙女、為民，說出影響力的最佳詮釋者；葉老師、豐哥、魁哥、皓宜、Vicky關鍵時刻助我一臂之力；內文的推薦人慧如、Bird、櫻憓、純如、守智、貓老師、小周、莎拉、本宗……，我的兄弟們與講師超級戰將MJ、Adam、Jacky、震宇夫妻等等。

謝謝超級簡報力、憲福講私塾、說出影響力、專業簡報力與鐵憲福粉的好朋友們，讓我有勇氣走到今天，謝謝夢想實憲家活動的會員與講者們，您們成功的展現市井小民的無敵勇氣。

我不太會說感謝的話，最後我想謝謝我的家人。

慧珍是我的太太，她是我所有外在成功姿態的幕後英雄；易霖、易軒，我的愛子，您們都說爸爸用您們的故事去殺時間，我更想說的是：「正因為您們，也才豐富了我」；謝謝我的父親與岳母，您們帶給我無比的養分與DNA；謝謝超洋企管、盟亞企管、就業情報、看見管理，雖然不常合作了，我沒忘了您們曾經對我的點滴付出；謝謝商周數位媒體部、環宇廣播、蘋果日報、遠見華人，您們給了我最好的華麗舞台。

我知道再版本書，許多人會看我的自序，而我卻忘了提及您們，說真格的，我受到太多人幫助，就像我幫助過他人也不會希望他人給我回報一樣，您就大人不計小人過吧。

謝謝城邦集團、春光出版的何社長、淑貞、秀真、雪莉、潔欣、阿東、丹蘋、婉玲等長官與同仁，謝謝您們這麼大膽還敢在書市如此不景氣的同時，還押資源在我身上，老天爺會感謝並回饋願意賭注的您們。

「台灣不缺抱怨的人，就缺捲起袖子的人」，行動的力量再版，正是我人生下一階段的開始。

成功改變與行動者證言

擔任憲哥職場憲上學專欄編輯三年多來，他是我遇過最自律的作者，每周一篇文章，幾乎未曾間斷、也從不遲交，至今累積上百篇文章，文筆也從生澀至成熟。憲哥用身體力行告訴我們，無論什麼事情，只要持續做下去，就會成功。

——洪慧如（《商業周刊》數位內容編輯部主編）

身體沒有靈魂是死的，信心沒有行為也是死的。夢想經由實際行動，除了展現信心，也活出生命力！

——游昌頻（環宇電台憲上充電站製作人）

全力以赴、堅持到底是行動的力量主要精神，在憲哥身旁學習，言行一致的憲哥激勵我們不再只是一千個想法，而是帶著勇氣開始改變。每次看到憲哥，就會想起憲哥的金句「台灣不缺抱怨的人，缺的是捲起袖子幹活的人」，閉起埋怨的嘴巴、關起亂想的腦袋，行動，就對了！

——黃鈺淨（憲福育創行政副理）

二〇一五年十月二號參加憲福講私塾，初次與憲哥見面。身歷其境感受憲哥的熱情與行動力，讓我用「行動的力量」改變自己 - 投身企業講師的挑戰。用21天讓自己蛻變，在決賽拿到亞軍，完成個人公開班課程、上市企業內訓……等。「行動的力量」讓我看見自己更多可能！

——江守智（中華精實協會專案經理）

憲哥是我的老師，也是人生的貴人。他台上講的、文字寫的跟他台下的行動一致。他快速的行動、簡單的初心，用生命燃燒的熱情，感染了無數人捲起袖子一起加入改變的行列。《行動的力量》相信也能帶給你改變的行動力。

——王櫻憓（天下雜誌出版行銷總監）

真正有行動力的人，並非自己躍動，而是可以帶著一群人群起躍動，讓大家朝向各自的目標前行，在憲哥身上我看到了這個龐大影響力及光點，與憲哥認識的這段時間，我真正感受到無時無刻都有一股無形的力量在扶持著自己，不知那來的自信，感覺有無限大的泉源，讓自己的熱情傾巢而出，憲哥的分享或行為都是增加我對於教學熱情，並不斷鞭策自己學會觀察與發想創意，創造人我之間彼此有共同的心聲，相互勉勵。新穎性、突破性的行動力影響方式，對於我個人深受啟發，也改變我的人生，我會積極的創新，並期許自己能保有這份行動力堅持到底走完這條路，能將我的所學所長貢獻給更多職場從業人員。

——周純如（秘書行政職能、親善大使、服務接待禮儀培訓專任講師）

「一千個想法，不如一個行動」，憲哥的話語總是激勵著我。二〇一四年底我到柬埔寨體驗短期國際志工，第一次一個人飛到陌生的國家。說走就走，說做就做，這就是行動的力量！非常不像我的個性，沒錯！就是憲哥在書裡提到關鍵原則之一「不要說，我的個性就是這樣」改變的第一步，先閱讀本書吧！

——林芷誼（施巴教育訓練講師）

我開始著手規劃訓練課程幫同事上課、開始調整向客戶簡報提案的內容風格、開始規律練跑挑戰馬拉松、開始學習關於爬山和攀岩的知識。因為我想成為和憲哥一樣，成為一個有豐富內涵，又能鼓舞團隊一起成長的人！

——陳本宗（美商艾比傑媒體業務總監）

「不做不會怎麼樣，但做了很不一樣」當機會毫無掩飾的到你面前，憲哥教會我的是——只要有百分之四十的機會，你都要去試一試，「做」就對了。而你會發現，其實你獲得的更多。

——林佑穗（台北醫學大學醫學系生理學科副教授）

憲哥：「台灣需要的是捲起袖子做事的人」，是本書最佳註解。認識憲哥多年，他總親身實踐，同時邀請更多人一起做對的事情，是本書最大影響力。從自己做起，從今天改變，讓多人加入，行社會公義，是一個人的力量，也是一群人的力量。所有的起點，也是憲哥一切動力的原點，「行動的力量」，我被感動，也改變了，你一定也會。

——周鉦翔（健群管顧總經理）

「如果想打中球，就要不停揮棒」，這本書很打動我，愛拍照的我很想分享：

「想要拍好照片，就要不停按快門」，去做，就對了！

——郭燿維（惠普軟體經理）

我熱愛工作，總以「專業讓人稱職，熱情讓人傑出」，自我激勵、面對困挫；而在每個職場心情的轉折，總是告訴自己「改變，不一定都能得到好的結果，但只要行動，一定能從中得到深刻的體驗。」無論身處人生中的那個位置，在《行動的力量》一書中，必能讓你找到實踐想望的契機。

——呂淑蓮（邦訓企管執行顧問）

第一次見到憲哥是在一堂談判課，短短四小時強力又震撼的教學，精彩到嘴巴沒有合起來過，回到公司後第一件事，就是衝進主管辦公室拜託她找憲哥來公司上課，也開啟了與憲哥在講師路上的緣分。

憲哥說過，有百分之四十的把握就去做了，我相信所有的夢想與改變，並不只是準備好了等待機會，也給有勇氣抓緊機會放手一搏的人，謝謝憲哥讓我明白行動帶來的，是難以想像的力量。

——翁甄蔚（凱絡媒體上海分公司數位媒體策劃總監）

PART 1 決心改變，展開行動

PART 2

扭轉觀念，儲備動能

PART 3

設定目標，勇敢突破

PART 4

全力以赴，堅持到底

PART 5

成功改變，長程續航

PART 1

決心改變，展開行動

恭喜你，當你看到這本書時，

已經跨出行動的第一步了。

在這條追求自我改變的道路上，

有憲哥與你作伴，

你並不孤單。

憲哥爲你加油，你棒極了！

序幕

夢想沒有實踐，就永遠只是夢想

許多人心中都有夢想，也總期待夢想有一天能成真；然後隨著年紀越大，越來越不相信有夢想成真的一天。

我原本也這麼想，但是，近年來，我漸漸發現，夢想不是不會成真，而是要有「改變」現狀的決心，以及「開始」的行動力。

從一次在廣州的MSN說起

二〇〇八年九月，我到廣州全家便利商店上課，前幾天先幫廈門友達執行新人訓練活動，城市間的飛行，是我工作的一部分。

在飯店check-in之後，我向櫃台預約了腳底按摩，很不巧的，櫃台回覆我還得等上兩個小時按摩師父才有空檔。

於是，我在旅館房間內放下所有行李，打開筆記型電腦，準備上網看看有沒有人能跟我聊聊天，好打發這幾個小時的時間。

我一邊檢查電子郵件，一邊開啓MSN，果然很快就有人敲我。是我學妹。

我們閒聊一陣之後，談到了「夢想」，她很羨慕我目前的講師工作。

「學長，我覺得你能努力實現自己的夢想，從事自己理想的工作，眞的很了不起。」

「你不用羨慕我啦，我的工作看起來不錯，其實得付出不少代價。」

我說的是實話，當企業內訓講師，沒工作會餓死，工作太多會累死。工作滿檔的時候，每一天都要上課，每一天都得在不同的城市間來回停留，其中的辛苦，實在不足爲外人道。

她回說：「不管怎麼樣，有夢想總是很好。」

突然，學妹又丟了個訊息給我：

「學長，你認識歐吉桑嗎？」

「認識啊，怎麼了？」

歐吉桑是我以前的同事，才四十幾歲就頭髮花白，大家就暱稱他是歐吉桑，他也不以爲意。我們在同事期間，兩個人挺有話聊的，我學妹是他的部門祕書。

「學長，你知道他會彈鋼琴嗎？」

「不會吧，他哪會！」我跟他同事相熟那麼多年，至少我確定一直到我離開公司之前，他應該是不會彈的，我很懷疑他彈得出一首《小蜜蜂》。

「他不只會彈，而且還彈得很好。」

「你怎麼知道？」

「我們部門去西餐廳聚餐，他還自告奮勇跑上去表演，大家聽了都覺得很驚訝，眞的很不錯。」

「不可能吧！眞的假的？」

「他還把彈琴的影片放在部落格上，不信我貼給你看。」

「好，我想看。」說眞的，我還是不太相信，能夠有眼見爲憑的證據當然更強而有力。

連上網址，看見了一段影片。

我到現在還忘不了當時的感受。

短短幾分鐘的影片，歐吉桑穿著家居服，一個人坐在鋼琴前面，彈奏著他一直很喜歡的《遇見》，影片中穿插他一年半以來，從沒琴到有琴，從不會到有點會，總算實現「彈鋼琴」這個兒時夢想的心情。

熟悉的音符在旅館房間裡流瀉著，偶爾有點小跳針，偶爾有一小段過長的休止符，但是，歐吉桑眞眞切切地在「彈鋼琴」，而且眞的彈得挺好的。

我流淚了。

影片播放到最後，我淚眼模糊地看著歐吉桑對鏡頭揮揮手的模樣，螢幕上寫著他要將這首歌獻給他的好朋友們，祝福大家的夢想都能成眞，我心裡開始對「夢想」有了不同的體會。

我不禁回想起兩年前我也曾和歐吉桑聊過「夢想」。

夢想不去實踐，就永遠只是夢想

當時，我正面臨職場轉換的關卡，又想專心經營雖然剛起步但一直是夢想的講師事業，卻又不想冒然放棄「安捷倫科技(註)」這麼好的工作環境。

有一次開會到了尾聲，我跟歐吉桑ＭＳＮ。我們的話題從「中午要吃什麼」，突然跳到「人生夢想」。

「歐吉桑，你人生到現在有沒有什麼是你很想做，卻一直沒有去做的？」

「有啊，我最近打算去學鋼琴。」

啥？鋼琴？我以爲他會說吃排骨便當，沒想到他的回答這麼認眞，認眞到嚇我一跳。

「彈鋼琴？你是說你想讓女兒去學鋼琴？還是自己要學？」這個夢想會不會有點太跳tone了？科技人跟鋼琴扯得上關係嗎？

「我自己要學。我從小就很想學琴。」

「怎麼可能，你四十好幾了耶……」拜託，手指頭都僵硬了好不好。

「是啊，所以才要快點開始啊。」

「有夢想是很好，可是眞的可以實現嗎？」

「夢想要是不去實踐，就永遠只是夢想而已。」就是這句話，讓我充分感受到他想改變的決心。

這句話說得極有道理，我完全無法反駁，但是，我還是不免懷疑，有夢想就眞的可以實現嗎？現實裡有那麼多問題和考量，不可能視而不見吧？

「你不是開玩笑的吧，你工作那麼忙，怎麼會有時間學？」就我所知，他每年要到大陸出差好幾趟，工作忙碌的程度與壓力，外人恐怕難以想像。

「這你就不懂了，時間就像女人的胸部，硬擠還是擠得出來！」

看到這句話，我差點從椅子上跳起來。在前面說話的老闆看了我一眼，我連忙按捺住自己想放聲大笑的心情，故作鎮定，快速敲打鍵盤回了他一句：

「嗯，加油！祝你夢想成功。」

大成功就是一次次小成功的累積

這段對話過後沒多久，我就離開安捷倫科技，正式投入講師的工作，開始從台灣頭講到台灣尾，前進兩岸三地百大企業內訓課程的忙碌工作。我和歐吉桑有滿長一段時間沒連絡，直到那段影片，才讓我得知他的近況。

看到他的改變，我真是徹頭徹尾的佩服。

他能夠下定決心花大把鈔票買琴，剪掉家裡的第四台，每個禮拜到姐姐家從兒歌學起，每天有效率的完成工作、照顧小孩寫功課、協助老婆處理家務，還能擠出半個小時的時間練琴。

這眞的要很有決心、有持續的毅力才能達成。

現在歐吉桑的琴藝更加進步了，據說他還曾經獲得「YAMAHA音樂達人」選拔電子琴素人比賽周冠軍的榮譽。

這個世界會彈鋼琴的人很多，音樂天才也不少，但是歐吉桑的努力讓我親身感受到，**一點一點的小成功，累積起來就會是很大的成功**。

受到歐吉桑成功改變的影響，我也被激勵了。

本來我還在苦惱要怎麼在課程裡加入新的元素，後來我學了四個月的電子琴，也成功在課程裡加入音樂。

果然只要下定決心開始行動，終究能看得到成果。現在，只要有適合的課程，就算只有一曲「白浪滔滔我不怕」，都會讓課程有新面貌，我很滿意因爲努力所帶來的改變。

很多時候，我們並不是滿意現狀，只是太害怕改變，不知道該如何改變。但我深深相信，只要心裡有夢想，爲自己設定好目標，而後努力去達成，夢想是可以成眞的。

在接下來的章節裡，我會談很多關於努力改變與行動實踐的故事，且讓我們一起尋找出內心深處行動的力量，幫助自己越變越好。

註：世界首屈一指的電子量測儀器公司。台灣安捷倫曾在二〇〇三年及二〇〇六年獲得翰威特公司（Hewitt Associates）與《Cheers》雜誌共同舉辦的「台灣最佳企業雇主」第一名。

01

過去不等於未來，以不變應萬變，對嗎？

有一句老話說：「以不變應萬變。」可是，在這個瞬息萬變的新世紀裡，我們真的還能抱持著如此阿Q的心態，矇混過去嗎？等事情真的來臨的時刻，我們真的能夠什麼也不做就輕易過關嗎？當別人成功做了改變，成就遠遠勝過於我，那時候我再來急起直追，真的來得及嗎？

曾經輝煌的過去

逢甲大學企管系畢業前，我毛遂自薦進了漢聲廣播電台實習，我一直很喜歡音樂，也很憧憬播音員的工作。只是畢業以後，我還是循著一般人學以致用的道路，在學長的推薦下進入台達電子擔任HR（HUMAN RESOURCE 人力資源的簡稱）。

HR主要是管人事，特別需要細心與耐心，這不是我的專長。做了一段時間之後，我明白自己不是很適合這個工作。

雖然我適應得不錯，後來也順利轉調到採購部門，還被中強電子挖角去當人事主任，但卻也讓我發現，相較於買東西，我更擅長賣東西。

從每一天的工作經歷中，我漸漸開始知道自己喜歡什麼？不喜歡什麼？擅長什麼？不擅長什麼？

進入了信義房屋工作後，我更加了解自己，持續強化我的強項特質，果然成功地打亮了我的招牌——

獲得最佳「金仲獎」。

受邀到大陸演講。

接受前副總統連戰的召見。

我努力的在挫折和難關中一步步前進，無疑的也成熟了在業務工作上的技能與專業，也得到了成功的果實。

後來我到華信銀行推動銷售「MMA投資管理帳戶（Money Management Account整合型帳戶）」，同樣也努力地做得有聲有色。

在短短的六個月當中，主講了一百四十七場投資理財講座，最後更順利轉進一家優質企業，成功轉職科技業。

這段歷程，從職業欄目條列出來，看起來很順遂、很亮眼，但我覺得自己並不是平白收穫，其實在過程當中我也付出了很大的心力和代價。

誤打誤撞的錄取

不過，這些輝煌的成績竟在我踏入安捷倫科技之後，失去了金鐘罩的功能，由於職場轉換帶來的核心能力需求偏移，讓我遭遇了嚴重的挫折，嚴重到幾乎讓我萌生放棄的念頭。

我之所以加入安捷倫科技的陣容，說起來是一段誤打誤撞的奇遇。

「安捷倫」這個名字，大家聽起來很陌生，不過說起「ＨＰ」大家一定都知道。這個世界知名的科技企業大廠，在一九九九年分成兩家公司，一家是惠普（ＨＰ），一家就是安捷倫；前者銷售３Ｃ產品，後者主攻電子量測儀器，兩家公司互為表裡，相輔相成。我之所以會到安捷倫面試，一切全在我意料之外。

我在華信銀行銷售「MMA投資管理帳戶」的時候，曾經到HP舉辦過一場投資理財的講座，或許是我成功地展現了業務銷售的能力，後來安捷倫的人力資源部門，就主動打電話問我要不要去參加面試。

能夠被挖角，表示我的表現受到他人的矚目和肯定，這當然很令人暗爽，不過當我問及對方需要的員工條件時，很快就打退堂鼓了。

「請問這個工作需要什麼特殊的條件？」

「第一，我們需要非科技業的頂尖sales。」沒問題，我是房地產業的頂尖sales。

「第二，我們需要這個人有科技產業背景或相關經驗。」這也OK，我待過台達電子和中強電子，都是科技相關產業。

最後，第三個條件是：「需要英文聽、說、讀、寫流利……」

聽到這裡，我已經不抱希望，只好對張協理說：「謝謝，再連絡。」

沒辦法，英文一向是我的死穴，賣弄幾個單字唬唬人還可以，要聽、說、讀、寫流利就不用談了。

然而，儘管我不抱希望，而且也沒有理由考慮改變自己本來做得很順手的工作，不過對方卻還是屢屢熱情邀約。後來老婆生了第二胎，剛好有陪產假的空檔，抱著

「不如去試試看」的心態，也順便測測自己在市場裡的水溫，我決定去面試。

面試當天與主考官聊得很愉快，一周後就接到第二輪面試的通知，知道自己能夠從十二位人選當中，成爲脫穎而出的四個人之一，說眞的，自己也滿開心的。

不過，一直到這個時候，我都沒有打算換工作。

結果，第二輪面試，老闆親自出馬，他是個澳洲人，特地從澳洲飛到台灣面試新主管。

一聽到老闆是外國人，我的心就涼了一半。

我故作不經意的試探對方：

「請問老闆會講中文嗎？」

「不會！」

「現場會有翻譯嗎？」

「沒有！」

完了！沒望了！

眞不想去丟臉，不過，都走到這一步了，臨陣退縮不是更糟嗎？

只好拿出所有跟英文相關的書，無論是高中、大學的教材，甚至連國中英文課本統統翻出來，囫圇吞棗的啃過一遍。

等到面試當天，再怎麼不濟也只能硬著頭皮撐過去。三個小時過去，我講最多的英文字就是yes, no problem, thanks, ok, I know……其他的全都矇混過去，至於老外說些什麼，我連一成都聽不懂。我是一個驍勇善戰的業務人員，一向以說服為成功利器，但是現在要坐在老外面前推銷自己，我竟只能結結巴巴、笑得尷尬。那種感受，只能用「孬」和「遜」來形容。

安排面試的飯店房間冷氣很強，但我全身冒汗；桌上的餅乾看起來很好吃，可是我連吃的慾望都沒有。

面試結束以後，我茫然的站在飯店門口，只有一個念頭：「想死！」心底懊惱自己從國中開始學英文到大學，怎麼遇到老外居然像「俗仔」一樣沒用。

菸，一根接著一根抽，腦袋一片空白。

回到家我像隻鬥敗的公雞，什麼話都說不出來，我沒告訴老婆我去面試，更不想告訴她我根本沒有錄取的可能。

可是，沒想到，安捷倫的通知來了：

「謝先生，恭喜您，您錄取了。」而且還邀請我到總公司去領取Offer Letter（聘任函）。

我想不出自己爲什麼能被錄取，雖然一直到接到通知的當下我都還不見得想換工作，但是知名外商公司打算給我什麼樣的薪酬條件，卻讓我很好奇。

抱著姑且一看的心情，我去了。

整份信函當然又是密密麻麻的英文，正準備跟祕書說我要帶回去看過再決定（其實是想要回去查字典），突然看到信函中央有一排我連想都沒有想過的數字，是公司願意給付的酬勞。

我心動了，非常非常心動，心動到當下就做了決定。不過，我也問出了一個宇宙丟臉的問題：

「請問我要簽哪裡？」

到了非改不可的時刻，不改行嗎？

不管那位祕書後來有沒有偷偷笑到內傷，總之我成了安捷倫科技的其中一員，擔任負責銷售電子量測儀器售後服務業務部門的專案業務經理。

一上工作崗位，一切都準備得好好的，大企業果然不一樣，辦事超有效率。識別證、筆記型電腦、手機，該有的全都在我的座位上等著我。

打開電腦，打開收件匣，裡面早已經設定好帳號，也有一封歡迎信函等著我開啓……

當然，全都是英文。

外商公司的福利好、待遇佳，但對我而言最困擾的就是他們實在太依賴英文了。我徹底體會到自己現在的處境了。

我進入了一個不會英文就無法存活的世界，而我手中的武器只是破銅爛鐵。爲了掩飾弱點，我把高中時用的《文馨字典》帶到公司，當了兩個多禮拜的「高級查字典專案經理」。

有一天，一位祕書過來和我交換名片，歡迎我加入安捷倫。她看到我在查字典，很好奇地問：

「咦？Lewis，你在查字典啊？」對啊，怎樣？

「你這本字典看起來很有歷史了耶……」對啊，怎樣？

「哇，現在很少有像你這麼用功的同仁了……」對啊，怎樣？

「那你是哪個字不懂？要不要我幫你？」

「好啊，請問這個字是什麼意思？」

「這個字？calibration就是校驗的意思啊。」她想都不用想就可以回答出來。

我立刻站起來，愼重地跟她說「謝謝」，她笑著說不用放在心上，就回座位去了。離去前，我彷彿從她的眼神中，看見一排令人懊惱的跑馬燈：

「不會吧，你連這個都不會啊？……」

是啊，安捷倫就是主攻電子儀器量測，怎麼會連跟業務最相關的單字都不懂。自己想來也覺得很誇張。

或許她並沒有嘲笑我的意思，也沒有刁難我或怎麼樣，但是「說者無意、聽者有心」，我爲此介意了一個多禮拜，每一回想起當時的對話和情景，我的心裡就有一股怒意發出。

我很想跳上桌大喊：「好歹我也是民國八十六年台灣第二屆十大仲介經紀人，榮獲連戰召見，和房地產菁英們合出過一本書，還到北京和上海演講過，妳只不過英文比我好而已，其他哪一點比我強？」

可是，我也明白，我沒有立場這麼做。

因爲，我犯了一個職場上很嚴重的錯誤：「**過去不等於未來**」。

不管我過去如何風光，我現在的工作需要英文，而我英文很破，根本沒有我發揮業務專業的餘地；還沒上戰場，我就被KO了。我就算是個將軍也只是個英雄無用武之地的「過氣將軍」。

我心裡第一次冒出放棄的念頭。

「不如辭職算了！」

我把這個想法跟老婆討論，想不到老婆竟然反過來樂觀的要我正面思考。她說：「你不要想太多啦，你看你到哪裡去找這麼好的工作？錢又多，又只需要在公司查字典，多好！」我也明白她是故意逗我笑，畢竟小兒子剛出生，家裡開支增加，實在不容得我任性。

於是，我先去買了一台迷你哈電族，不再拿著一本大字典攤在桌上，改放在口袋裡偷偷查。

可想而知，這絕對不是長久之計，我還是會遇到許多熱心幫我的同事，然後，我又會從他們的眼中看見那排讓我羞恥惱恨的跑馬燈：「咦？你連這個都不會啊……」

我討厭自己技不如人的窘境卻又無技可施，但是，有一點我非常清楚，就是，**我非改變不可，我不能再這樣下去了**。

既然過去不等於未來，那表示以不變應萬變的這招也將失效，我如果放任自己在這裡乾耗，遮遮掩掩、捉襟見肘，最後被淘汰的肯定是我。

於是，我決定開始行動。

02

想要邁向高峰，你必須行動

想到就立即去做，做了就會改變。
只要產生了動機，以實際行動開始改變的第一步，持續下去，最後一定會有結果。

老闆，我想學英文

爲了工作上的瓶頸，我和老婆聊了很多，她總是不斷鼓勵我不要放棄希望，好好想一個應對的方法，不要輕易被打敗。

某天，她忽然提議：「不然你跟老闆說讓你去學英文嘛！」她的提議觸動了我，心裡的念頭也漸漸明朗了起來。

最後我在家裡準備了一整晚，翻著字典邊擬草稿邊想，沒錯，爲了徹底解決我

「一無是處」的窘境，我決定要「開始改變」。

我的想法是，**既然過去不等於未來，過去好不等於未來好，那麼過去差也不等於未來差吧！**

雖然現在英文是我的障礙，只要解決了這個難題，我就可以繼續往前邁進了。

第二天一早八點鐘，帶著寫得滿滿的「老闆如何問、我就怎麼答」的草稿，和惺忪的紅眼，我坐在座位上，精神異常緊繃亢奮，連撥電話的時候，手都還顫抖著。

電話通了，話筒的另一端傳來老闆的聲音。

「午安，Frank，我有一件事想跟你商量……」鼓起最大的勇氣，我對老闆說出我想去補習英文的事，而且我有個不情之請，希望公司可以補助我學習英文的費用。

我心裡已經做好準備，老闆可能會劈頭罵我頭殼壞去，而我要充分展現我的說服實力，跟他爭取到最高的補助比例。

沒想到，Frank一口就答應：「No problem.」

我當下一愣，這答案在草稿上可找不到，他的爽快反而讓我有點不好意思，掩不住內心的興奮，我連忙向他道謝。

不過，他很快接下去說：「但我有一個條件。」

一個條件算什麼，十個條件我都會考慮答應。

「如果六個月後，你無法和我在電話裡對話順暢，那請你自己離職，不要等公司趕你，而且補習的費用你不用來申請，我不會簽核的。」

我愣了一下，吶吶地應和了幾聲，總算掛上電話。

Frank的話在我的腦子裡跑來跑去，我覺得整個頭都發熱了，一股羞惱和屈辱的情緒，油然而生。

打掃的阿桑，在我座位附近掃地，跟我打招呼。她說：

「謝先生早啊，你今天這麼早就來公司啊，我剛剛聽到你在講電話，你英文說得眞好呢！」

我只覺得一聲轟然巨響在我腦中炸開。

「英文」這個可惡的敵人，一直陰魂不散地在我周遭圍繞，嘲笑著我，讓我無處可逃。

學英文的窩囊日子

當天下班，我就到中壢中山路的英文補習班報名了。

櫃台小姐為我說明，補習班開設了四個級次的課程，分別是基礎班、初級班、中級班和高級班。

聽到中、高級是由外國人上課，我一口就否決了，短期內我還不太想看到外國人，也不想自不量力。基礎班則是「This is a book.」的程度，我自認還沒有糟糕到那樣，就報名了初級班。

第一天上課時，全班只有我一個人穿西裝、打領帶，老師甚至比我還年輕。班上十個人裡，有四個是我高中的學弟妹，而我這個學長壓根就沒有臉去跟他們相認。

這一回，我真的下定決心，卯起來打算一拳擊倒「英文」這個對手。

每個禮拜一、三、五，我準時到英文補習班報到。那時候，全公司只有我一個專案經理騎機車上班，因為補習班位在市中心最繁忙的路上，我不想把時間浪費在找停車位上。於是，當同事下班去聚會、狂歡時，我騎著機車去上英文課。說真的，心裡的感受除了窩囊，還是窩囊。

可是，六個月的課程，我從沒有缺過任何一堂課，因為我很堅定自己的決心，總之就是不顧一切，筆直地朝目標衝過去。

我對自己做出承諾，一定要把英文學好，其他的都先暫緩。有機會說我就說，有機會問我就問，說錯了也沒關係，被人笑也無妨，我不看眼前，只看最終結果。

不到四個月的時間，我就可以升級到中級班，對於英文字彙和對話也有相當的累積，無形中有了自信。有了自信就不怕開口，對於英文字句的理解和用法也就有十足的進步。

儘管我覺得自己的英文能力已經有所改善，但是真正決勝負的關卡還是六個月後，要面對Frank的驗收。

我對他做出了承諾；如果不能過關，也就沒有以後可言了。一想到這一點，心頭就猛跳，要是六個月以後丟了頭路怎麼辦？我不敢想，只要發現自己稍有退縮，就趕緊拿書出來看、拿ＣＤ出來聽，咬著牙也要讓自己能撐過這一關。

跨越障礙需要行動

終於到了驗收成果的那一天。

我選在中午十一點打電話，雖然周遭還有很多同事，但是我對英文已經比較有信心，也沒那麼害怕被人恥笑。接下來一小時裡，將呈現我六個月來的學習成果，也將決定我的未來。

順利完成這項考驗，不論結果如何，我都能安心去吃中飯，畢竟，我能做的努力都做了。

老闆要宣布決定的前一刻，我的心臟猛地抽緊，屏住了呼吸，簡直比我去參加歌唱比賽時還要緊張。Frank說：

「我認爲你還有gap，不過六個月以來，你眞的進步很多，恭喜你，你pass了！」

當他說出「pass」這個字時，我的眼淚竟然奪眶而出，第一次聽老外說英文，我幾乎都聽得懂，那種心情眞的很難言喻。

好不容易，心情平復下來，我對Frank說：「本來如果你不讓我過關，我就要回家吃自己，想到這一點我的壓力有多大，你知道嗎？」我想，他在電話那一頭，也很能覺察我內心的激動。

他才笑笑地說：「我不會不讓你過的啦。本來我就打算建議你進公司半年後去學英文。結果，你才來一個月就主動提出要學英文的決定，這種員工不幫，要幫誰呢？而且公司本來就有教育培訓的機制，你懂得利用，很好。繼續加油。」

我這才知道，原來他那時說要我自動離職，是故意激我的。

我知道那句話給我什麼樣受傷的感受，但我也知道，如果沒有那讓人覺得受傷的條件，我不會眞的下那麼大的決心，做出這麼大的行動。

我在安捷倫待了六年，拿過安捷倫亞洲區的「服務品質白金獎」，也拿到「年度最佳貢獻獎」，更在二〇〇四年拿到了在安捷倫裡象徵全球最高榮譽的「總裁獎」，這些都有賴我鼓起勇氣去面對我的死敵「英文」，同時積極讓自我改變。

如果，我在第一個月時放棄了，我今天或許會有其他的發展，但英文仍永遠會是我的障礙。

我付諸改變的行動，改變了自己，跨越了障礙，才能有機會讓我的事業攀向高峰。

03

改變不一定會更好，不行動永遠不知道答案

改變並不是萬靈丹。
沒有人能保證，改變之後的結果一定會很好；但只要有所行動，你一定能從實際的改變過程中學習到經驗。

行動之前需要徹底評估

我從台達電子被挖角到中強電子擔任人事主任的這段歷程，表面上看起來是高升，但實際上卻是一個錯誤決定。

原本我在台達電子人力資源部工作，後來轉任採購，當時對於未來的期許，總覺得自己好像還沒有找到一個清楚明確的方向。

剛好遇到當時中強電子這家新公司，開始向各大科技電子廠展開獵才行動，不知幸還是不幸，我也成了其中之一。很快的，中強電子的人事部門主管聯絡我，詢問我跳槽的意見，而且開宗明義就祭出大手筆，只要願意過去就從副主管開始做起。

面對突如其來的挖角，當時還年輕的我，心裡多少有點忐忑，也不敢貿然答應。對方見我遲疑，劈頭就問：

「你現在一個月薪水多少？」

「兩萬七千八。」我也老實的回答。

「加八千你要不要過來？」

「我再考慮考慮。」

「還考慮？你在這裡有沒有股票？」

「沒有。」

「好，公司每年會配股票給你。」

「……嗯……我再想看看。」

「還想？公司還配車位給你……」

於是我心動了，不再多想就很快的遞出辭呈到新公司上班。

可是，我也很快就發現，這個改變對我而言，並不是件好事。

首先，雖然同樣是科技電子產業，但是企業文化有著很大的不同。加上中強是新公司，整個團隊從上到下、從生產線到銷售端，幾乎都是砸大錢挖角來的。或許團隊裡每個人都有獨到的專業，但是整體上卻沒有合作的默契。

我的職銜雖然是副主管，但是我其實也只有一年的人事經驗，空降下來的主管，如果帶人不能帶心，不管要推動什麼樣的專案，都不免有心無力。

中強在泰國有工廠，公司派我去出差，飛機一落地，每位採購人員都會受到很好的接待，外人看似風光，可是喝酒應酬一向不是我的強項，很快的我就對工作本身產生了懷疑。

我覺得自己並不適合這份工作，也不適合這個環境。

我開始暗中留意別的工作機會，然而我並沒有想到，還有更嚴重的打擊在後頭。

我重新省視了自己的工作期許，想想自己正準備訂婚已有成家的打算，反覆從實質面去考量，最後還是決心投入報酬回收較高較快的業務工作；於是通過了信義房屋的三階段面試之後，我就正式向公司提出辭呈。

雖然和辦公室的同仁並沒有非常深厚的情感，但是畢竟也共事了一年多，我自以爲大家多少也該有點同事情誼。可是怎麼也沒想到，自從公開我要離職的消息起，竟然沒有任何人理我；沒有人跟我說話，沒有人找我吃飯，甚至連問我爲什麼要離職都沒有。

就連正式交接完的那一天，我到公司打包，心裡想著就算沒有歡送聚餐，至少也有張送別小卡片吧。可是，全公司上至經理、祕書，下至小妹、警衛，就好像完全沒看到我這個人一樣。不是整人節目，也不是等一下會冒出什麼驚喜，而是眞眞實實被一個團體排除在外的感受。我完全不知道自己做錯了什麼，爲什麼會受到這樣的對待。

當時當刻，一個人步出公司的落寞，現在回想起來都覺得淒涼。

離職十天後就是我的訂婚宴，宴客結束我找了一天回公司送喜餅。

當然依舊是一副「透明人」的尷尬景況，沒什麼人肯來搭理我。警衛看到我也很驚訝，還說了一句語帶玩味的話：

「謝主任，你……你怎麼走的都不知道喔？」我聽不懂，問他是什麼意思。

他也只是回了我一句：「算了，你不知道就算了。」我聽了眞是一頭霧水，不過心想反正日後也不會有機會回到這個地方，也不想再多問了。

事情一直到一個多月後才水落石出，眞相大白。

得亦非得，失亦非失

那天，我工作的新地點信義房屋新生店裡一通電話響了，是店長接的。

店長聽了以後叫我：

「文憲，有個女人哭哭啼啼的說要找你。」店長此話一出，整家店都拉長了耳朵，畢竟愛聽八卦是人的天性。

我心想，大概不是我未婚妻就是我臥病在床的母親發生了什麼事，連忙接起電話。原來是中強電子的經理，也是我之前的頂頭上司。

她一聽是我就說：「文憲，你現在好嗎？你想不想回來跟我們一起工作？」

我覺得有點莫名其妙，畢竟一個多月以前無緣無故把我當成像蟑螂一樣對待的人，現在突然冒出這句話，任誰聽了都會不以爲然，更何況，我在信義房屋的工作已漸漸打下基礎。

她又說：「對不起，是我們錯怪你了。」

這句話說得更是讓我丈二金剛摸不著頭腦。

「錯怪？爲什麼這麼說？」

「你還記得你離職前不久，公司裡一直有人掉錢嗎？」

她這麼一說，我就心裡有數了。

掉錢的事我知道，當時經常有人掉一百、兩百，不是什麼大錢，但是辦公室裡有小偷是不爭的事實，也一直找不到眞凶。顯然，我是被當成那個嫌疑犯了，而且我提辭呈的事也剛好被解釋成畏罪潛逃。

從她的口中我才得知，爲什麼當時我會被所有的人排擠、討厭、無視，而工廠警衛爲什麼對我說了那些話。畢竟，遭小偷在製造廠來說是大事，因爲只要會掉錢就會掉材料，會掉材料就可能是內神通外鬼，所以一定要很謹愼的處理。

我問：「那你們現在爲什麼知道不是我？」

「因爲你離職以後，我們還是繼續掉錢。」她回答。

後來請了警方來驗指紋，才找到眞正的小偷。時至當日，我才總算找回我不知道何時丟失的清白。

經理問我願不願意再回去，我很乾脆地回她說：「我從來沒有打算回去。」之後就掛上電話。

我到店門口抽菸，很多念頭和畫面在腦子裡轉來轉去。一直很照顧我的店長走過來，拍拍我肩膀，問：「文憲，家裡沒什麼事吧？」

「沒事，我沒事。」我想要彎彎嘴角苦笑，卻覺得眼角發酸，一股委屈的情緒幾乎要壓抑不住。

店長沒多問，只說了一句：「有事跟店長說，別悶在心裡。」就回店裡去了。

望著店長的背影，我想起打從我進公司以來，他一直對我很照顧，也很受同仁信賴，我突然理解到一個好的主管在團隊之間的重要性。我也曾經是個小主管，底下帶了好幾個人，每天工作職務往來的人也不少，可是問題發生了，全辦公室都知道，卻只有自己不知道。

我繼續抽著菸，想著我的失敗。明明是一段看起來得意非凡的轉職經驗，怎麼最後會落得如此下場？

經理在電話裡提到眞正的小偷爲了想轉移注意力，最簡單的就是嫁禍給將要離職的人身上，他故意散播謠言，說我一定是缺錢才會去賣房子等等。我心裡當然氣憤造謠生事的人，但是我更難過，同仁主管們對於謠言竟全盤接受。

有句話說：「得亦非得，失亦非失。」說得眞是有道理極了。加薪八千，終究還是失去；配發股票，最後什麼也沒有；至於停車位，更是曇花一現的虛名。擁有再高的頭銜又如何，屬下無法眞心信服，一切也是枉然。

可是，我雖然失去了「科技新貴」和「主管」的名銜，卻從房屋仲介的業務工作裡重新找到自己的人生方向，也開啓了另一段輝煌的工作經歷；有更高的工作成就，有更高的薪資收入，有踏實工作的自尊，有眞心相挺的夥伴。

我一直深切地記憶著這一段挫敗經歷，也記住當時不甘與屈辱的心情。

永遠不要只為了外在的片面美好迷惑而去貿然行動，永遠不要在不知道自己要什麼的情況下，聽任他人慫恿擺布，永遠不要自以爲是，要保持敏銳。

改變，不一定都能夠得到好的結果，但只要行動，你一定能從中學到深刻的體驗。

04

溫水煮青蛙，舒適圈的危機與轉機

經過實驗研究，如果把一隻青蛙丟進滾燙的熱水中，青蛙會不顧一切的跳出，逃離危險；可是，如果把青蛙放在冷水裡慢慢加溫，青蛙剛開始不以為意，等到水溫過高的時候，青蛙的腳已經煮熟了，想逃也逃不了。

這就是「舒適圈」的概念基礎。

你想主動出擊，還是被迫改變？

當我們進入一個新環境，我們往往會戰戰兢兢，保持高度警覺心。深怕自己學得不夠，懂得不多，表現不好。

可是，隨著漸漸深入了解職場狀況，熟習工作環境，對於工作內容也越來越上手，日子過得越來越舒適。

可是，這樣下去眞的就可以長長久久安心度日了嗎？

不論是產業變遷或是職場變化，都不盡然會如金融海嘯般來得轟轟烈烈，令人無法招架，有時候變化就如同慢慢加溫的熱水，等到水溫高到難以忍受時，早已失去了應變的能力。

如同我原本在華信銀行工作得很順利，在信義房屋有良好的業務成績，照理說都沒有轉換環境的必要性；可是如果我沒有勇敢踏出舒適圈，沒有勇敢克服自己對英文的恐懼感，我就不可能到安捷倫科技去面試，也不可能獲得後來工作成就上的躍升。

我們在進入新環境的時候，剛開始往往很辛苦，但透過不斷的努力，會漸漸地變得沒那麼辛苦，而且能從克服挫折的過程中獲得樂趣和滿足感。隨著時間和環境的變化，我們的感受也會不同。

如果因爲成就感低落就開始覺得無聊、心態輕忽，或是因爲熟習工作任務就不再緊盯每個工作環節，問題也許很快就會在毫無預警時冒出來。因爲環境每一天的改變或許很微小，但長期積累下來的變化，卻會令人驚異。

你想主動出擊，還是被迫改變？

你想積極求新，還是等到被淘汰的時刻才來懊悔？

我的選擇是，**我寧願自己為人生做決定，我選擇主動出擊。**

隨時檢核自己的核心能力

我在安捷倫科技待了六年，也獲得了最高榮譽的總裁獎，當我得到這個榮譽之後，我面臨到一個新問題：下一步我要做什麼？

這個問題困擾我好一陣子，我也尋求了不少建議。

老闆建議我去進修電子電機相關的技能課程，取得學位。我雖然知道想要在科技領域裡爬升，這個方向是不得不走的路，可是對我而言，我不僅想：這眞的是我想走的路嗎？

在因緣際會下，我到了文化大學推廣教育中心擔任「電話行銷技巧」的講師。每個月得花一個晚上上課，雖然時數不多、車馬費也不高，可是轉換不同的工作模式，卻讓我興致勃勃，即使要奔波也不覺辛苦。

同樣的工作報酬，正職工作可能花不到二分之一的時間和心力就能完成，兼職講課反而要花上更多的時間準備。可是，我在正職工作上雖然因爲得心應手而得到的快樂有八分，幸福感只有兩分；講課的時候，事前準備的痛苦讓我的快樂只有二分，之後得到的幸福感卻是滿分。

當你覺察自己的快樂和幸福感不是成正比時，也許就是你該考慮是否該開始改變。

隨時檢視自己的核心能力，永遠做好因應變化的最佳心態和準備。

走出舒適圈，更大一片天

我的高中學弟River，六十五年次的交大資工碩士，在靦覥的外表下，骨子裡卻有著追求自由和理想的熱情靈魂，是「勇敢走出舒適圈」的最佳代表。他放棄原本在科技業令人稱羨的工作，參與外交部的專業培訓計劃，前往甘比亞和貝里斯等邦交國，協助當地建構資訊工程資訊。

在參與外交部計劃之前，他已經先離職到台東一家飯店做網路行銷。離職之前，他常找我聊天，當時聽到他打算離開台北安穩的環境跑到台東鄉下工作，我以世俗的想法，請他最好再仔細考慮一下，不要貿然莽撞的匆促決定。

即便他明白我的建議是出於好意，但是他的意志已然相當堅決。

我們很難想像，爲什麼有人願意放棄安穩舒適的環境，反而要到沒有冷氣、設備落後，環境惡劣的地方去工作。可是，他說：

「如果我的專業能力可以幫助更多的人，何樂不爲？」

後來，他不只到台東去，更遠赴非洲甘比亞和中南美洲的貝里斯。

就像他的座右銘：

「勇氣是用來圓夢的，不是用來作夢的。」

確實，人生很短暫，有時匆匆數十年就這麼過去了。與其在一個雞肋般的環境裡每天食之無味、棄之可惜；不如勇敢踏出舒適圈，去進行一趟冒險。有夢想，就去積極圓夢，設定改變目標而後採取行動，不管會得到什麼結果，都是難得的經驗。

看到River把自己每天在異國的生活體驗，化成文字與影像呈現在部落格上，寫成貝里斯日誌和甘比亞日誌，還在部落格首頁上載明了台灣時間和當地時間，記錄下每一日的心情。

我相信他每一天的生活歷練，都是生命珍貴的累積。而當科技業被金融海嘯波及開始大放無薪假、工程師人人自危的時候，他人正在異鄉從每一日的專業努力中獲得穩定的報酬和成就感。

有時候，人生的意義並不在外在物質的獲得，而是心靈的豐富。如果你在舒適圈裡待了太久，發現自己探索和努力的意志漸漸枯竭了，憲哥提醒你：

改變的時刻到了！請及早做好萬全準備，以便隨時展開行動。

05

不要等到巨變來襲，才被迫改變

天有不測風雲，很多時候，我們總是等事情發生了，才驚覺環境在變化，讓我們措手不及。

好日子人人都想過，可是沒人能天天過。

越是在你沒有防備的時候，老天爺越是會為你帶來嚴苛的考驗。

過不了關，就活不下去。

你不想變，但環境在變

當挫折出現，你無從逃避，只能面對、接受，再看情況應變。

我的父母都是從事保險業，他們從年輕時就全心投入工作，以換取家庭安穩生活。他們很少喊苦，也不會向子女邀功，唯一的行動就是盡好爲人父母的責任。

我母親常說：「等你們兄妹三人都大學畢業以後，我就要去環遊世界。」對她而言，我們大學畢業了就算長大成人，她的撫育責任也可以告一個段落。

可是，這個夢想，她從來沒有實現過。

母親在我二十二歲時突然中風，從此不良於行。

那一年，她才四十五歲，正值人生的黃金時期，卻從此只能靠人扶持，每一層階梯都要人揹。

不要說環遊世界，她連從三樓走到一樓都做不到。

我和母親一向親近，也覺得自己最像她，但我根本無法體會，她長年坐在輪椅上那種，人生從高峰墜落谷底的心情。在母親生病時，多是由父親照顧，家裡的經濟支柱自然也有所動搖。龐大的醫藥費，週復一週的復健療程，我們兄妹都很清楚，原本安穩的家如今遭受風雨侵襲，我們不再是受到保護的幼雛，而要變身為展開翅膀去守護家園的角色。

不管我們多麼不願意面臨這樣的改變，但是我們都只能挺起肩膀，勇敢去面對。

改變心態，設定目標，展開行動。這是讓我們永遠能夠繼續前進的不二法則。

一九九九年九月二十一日這一天，我相信對許多人而言都是劇烈改變的一天。一場長達一分多鐘的搖晃，讓許多人連遮風避雨的家都沒有了，還有人因此喪失了寶貴的生命、珍愛的親人。

人生中的巨變往往讓人措手不及，大自然的反撲，更是讓人覺得心驚動魄。我家不住南投，房子也沒有被地震震垮，可是我也算遭受到衝擊，最後只能被迫改變。

當時，我還在信義房屋工作，雖然晉升店長，但成績並不算十分亮眼。被派任至中壢店擔任店長時，我開始感覺力不從心。

畢竟明星球員和明星團隊完全是兩回事。

我是Top sales，可以憑著一股衝勁創下驚人的銷售業績；但是身爲店長所要注重的不再是個人成績，而是團隊績效。

於是，面臨新展店、新拓點的任務，我開始遭遇瓶頸，再加上九二一過後，房市跌進谷底，民眾不管是買屋賣屋都開始變得觀望、保守。有時候一整天下來，連通詢問的電話都沒有，差點要讓人以爲電話是不是壞了，還忍不住拿出手機打打看確認鈴聲會不會響。

情況雖然糟，我還是得努力工作，甚至更拚命，不斷設法提升銷售業績，即使犧牲家庭生活也在所不惜。

可是，我卻沒能成功扭轉情勢，再多的努力和心力投入一點也撼動不了大環境的變化。

訂出目標、做出承諾、實際行動

就在我恨不得把二十四小時都拿來工作的時候，老婆終於跟我翻臉了。

「你到底爲這個家庭做了什麼？你有關心過家人嗎？」

這對我而言，幾乎和九二一地震散發出的能量一樣劇烈。牆垮了、屋頂破了、環境改變了，我不能不跟著變，即使我想要重回過去的美好，希望永遠順心愉快，都不可能了。

我只能好好的面對問題、處理問題。好好的思索下一步該怎麼做。改變需要訂出目標，做出承諾，更重要的是必須實際行動。

在和老婆徹底談開達到共識後，我決定暫時先離開房仲業，重新尋找一個有週休的業務工作，至少要留給家庭一、兩天相聚的時間，於是我開始留意其他領域的業務工作。

正所謂有目標就有方向，有方向就有方法；有方法就能行動，有行動就有貴人。很快的就有貴人爲我帶來好消息。

因爲一位朋友的介紹，我開始到華信銀行負責「ＭＭＡ投資管理帳戶」的主管職位。

從房仲業跳到金融業，雖然一樣是販售商品和服務，但是工作性質與模式截然不同，這些都是必須去克服的難題。

有問題就得解決，有難關就要克服。我已經換了新的工作環境，自然得想辦法融入新的環境，重新掌握新的產品，了解新的工作任務。

我是主管，也當過主管，所以很清楚如果只是虛張聲勢，很快就會被同仁看破，到時候要帶人就困難了。

唯一找得到的解決方法就是土法煉鋼，從熟悉產品開始做起。

當時我得從中壢通勤到台北上班，每天早上走路到中壢火車站，搭火車到台北車站換捷運，再從忠孝敦化站騎摩托車到公司；下班也是如此。也就是說，我每天至少有兩個多小時的時間被關在車廂裡面。

我利用這一段畸零時間狂啃產品手冊，只要有時間就翻，有重點就記，直到把整個產品內容和特色記得滾瓜爛熟爲止。

我或許不懂整個金融產業，也沒有辦法替客戶操作股票期貨投資，但是說到對「ＭＭＡ投資管理帳戶」的了解，我敢打包票整個單位沒人比我記得更熟。

設下目標，制定策略，然後積極行動。

我待在華信銀行不到一年的時間創下一百四十七場投資理財講座的記錄，如果我不熟悉產品，我沒辦法講；如果我沒有和同事合作無間，也沒有辦法開創銷售業績；很多時候我們只需要一點改變的行動，就能看出成果，有些時候即使我們不想改變，卻也不能不變。

你不是躍升，就是被淘汰，這是每個人在職場中不得不面對的情況。不是主動出擊，就是被迫改變，這是自己可以選擇的。

06

只要願意行動，永遠來得及

從二〇〇八年開始，全世界最流行的一個名詞，就是「改變」：
美國首位非裔總統歐巴馬，競選時大呼美國人民需要「CHANGE」；
日本在二〇〇八年底選出的年度代表字，就是「變」這個字；
台灣總統大選馬英九當時也喊出「台灣需要改變的力量」。
這是一個改變的時代，
大環境正無時無刻地在轉變當中，
你不能不跟著變動。

為什麼要努力工作？

「改變」是一個動詞。

不管外在環境怎麼變，只要我們能持續行動，我們就能掌握世界的脈動，隨時應變，甚至借力使力，幫助自己變得更好。

二〇〇八年，全台灣遭逢金融海嘯衝擊，幾乎成爲國家經濟命脈的科技產業影響最爲慘重，許多員工被迫面臨裁員危機或無薪假的威脅，大家忍不住要質疑到底什麼才是眞正的生活保障？到底工作之於我們有什麼意義？

當時，我和ＩＣ之音的廣播節目主持人任樂倫，一起構思了一系列以「改變的力量」爲主題的節目內容，我們希望能藉著節目，一方面幫大家打氣，一方面跟聽眾朋友分享如何面臨改變和波動。

從聽眾們的迴響中，我才了解，其實很多人雖然遭逢大環境的變化衝擊，卻始終在自己的工作崗位上堅持著，儘管浪濤再洶湧也抓緊船舵不放。我想，我們每個人的心裡，都有著一股原生的力量，能夠幫助我們順應改變、保持動力不斷前進，度過種種難關。

有的時候，我們不改變或改變不了，只是因爲害怕結果或是不知道該怎麼做。如果是前者，你只需要多充實自己；如果是後者，那麼你得先設立目標，再開始行動。

產生動能的原因有很多：想變瘦、變美、變成功、變有錢，或者能說一口流利的英文……只要有想法，就是有目標。

專注你的目標，帶著強烈的想望，動能自然出現。

我在職場生涯中，始終保持衝勁、積極前進，其中一項動能是「家庭」。想往上躍升，爭取更多、更好的機會，獲取更高的工作報酬，讓家人有更好的生活這是我的目標之一。爲錢工作，其實是很自然的理由，一點也沒有什麼好羞恥的。

可是，工作並不是只要得到錢就夠了，相信在職業生涯中，一定還有更多值得爭取和努力的成就與價值。

我常常在上課或演講時問學員：

「爲什麼我們要努力工作？」

「爲什麼我們要不斷地努力工作？」

「爲什麼我們要不斷不斷地努力工作？」

當你細細去思量這幾個問題，並且誠實的回答自己，你就明白自己每天付出勞力、智力、心力，所想換得的報酬是什麼；而你終究也會明瞭你的價值觀。

一個重要警訊

二〇〇六年我離開安捷倫科技之後，就正式在企業內訓講師的領域裡衝刺。我很拚，非常拚，只要企管公司幫我安排的工作，我一定全力以赴。不管大小城市，不管台灣大陸，光是二〇〇六年下半年，我就累積了超過五百小時的上課時數，這個成績爲我在業界打下知名度，也讓我發現人生很重要的道理。

一直到現在，我的皮夾裡都還夾著一張貼紙，是東航空服員發給我的；貼紙上寫著「全程需要輪椅協助」。我一直保留著這張貼紙，因爲這是榮譽的勳章，也是我人生中一個重要警訊。

二〇〇六年八月底，我才正式踏入講師業不到三個月，飛到香港兩天後，接著要飛廈門，之後再去上海。

我的工作就是得逐客戶而居。那次去香港之前我就已經覺得身體不太舒服，可是當時不以爲意，以爲是每天站著上課，多少會有的腰痠職業病。

但是，情況越來越不妙，接連著兩、三天上課下來，連腳都痛了。到了八月二十五日早上，司機在飯店樓下等我去機場，可是我躺在床上，完全起不了身，只能商請司機上來揹我。

看完醫生才知道，我的腰椎坐骨神經嚴重受傷，種種的證據都顯示我的身體已經負荷不了日夜操勞。到上海浦東機場辦理登機時，我申請了輪椅協助，東航空服員給我那張貼紙，還請來一位年近六十的婦人幫我推輪椅。

不管是通關或登機，都快速無比，而且有旁人代勞；說起來，應該像是國王出巡一樣風光。可是，我的內心卻十分痛苦。經過一家有販賣CD的書報攤門口，音響播放著順子演唱的《回家》，那一刻，我才發現我離了家那麼遠，疼痛難過的時候，最愛的人竟不在身邊。想起媽媽坐了十四年的輪椅，那種要麻煩別人、需要旁人協助的無力感，聽著聽著不由得崩潰，眼淚接著潰堤。

回到台灣，我在機場打電話給老婆，只聽到電話的另一頭她哭著問：「你到底要錢還是要命？」

我也只能苦笑的回答：「可以的話，我兩個都想要。」

想改變，就開始做，永遠不嫌晚

二〇〇五年中到二〇〇六年初，八個月的時間裡，我身邊走了三位親人——外公、母親、祖母，對於人生的無常，心裡早有感觸。

不到半年的時間，自己也親身遭遇了生平最無助的時刻，更深切體會到，人生裡最重要的不是財富、不是名聲，而是健康的身體。唯有身體健康，才能去追求財富，才能享受成就。沒有健康，等於什麼都沒有。

有了這層體悟，讓我決心做出改變。

我決定戒菸，我決定只要不工作的時間，每天都要抽空去游泳。我不想再讓太太流淚擔心，也不希望人生就此畫下休止符。

我深信，**改變一定能夠得到成果，只要願意付出行動**。

我花了21天養成不抽菸的習慣，三個月完全戒掉抽了二十年的菸；我用21天養成每天游泳的習慣，現在已經可以輕鬆游完一千公尺。

偶爾我還是會想，要是我能早一點改變就好了，既然是正確的事，爲什麼要拖延呢？少抽個幾年菸，我的肺應該會更健康乾淨一點吧；多鍛鍊體力，保持良好姿勢，我的腰椎也不會承受那麼大的壓力，更不至於最後全體罷工讓我整整在床上躺了十九天。

所以，親愛的朋友們，現在就趕緊設下一個改變的目標吧……

我可以，你也可以

我們也會軟弱，只是選擇了堅強

王永福（憲福育創共同創辦人、專業簡報教練）

身為憲福育創的共同創辦人，經常會有機會跟憲哥一起工作、上課、演講。當然也比別人也有更多的機會，看到光鮮亮麗的另外一面。很多人經常問我們：「如何才能一直有行動的力量？一直正面積極？」其實大家不曉得的是：我們也會軟弱、也會沮喪、也會心情不好、也會有想要放棄的念頭！只是經常在關鍵的時刻，我們選擇了勇氣、選擇了堅強、選擇了行動帶來的力量！

讓我舉個實際的案例吧！

二〇一六年四月，因為憲哥的發想，我們舉辦了「改變的勇氣」環台演講活動，十二位各個領域的精英，以及許多的義工夥伴，希望透過連續五天的環台演講，募集一百萬以上的善款，最終捐給五個不同的慈善單位。訂價八百八十元的門票，台北兩個場次很快就銷售一空，台南及台中也陸續滿座。但是在此同時，可以容納四百人座位的花蓮場，只賣了……五十七個位置。

活動只剩不到一個月就要開始，面對花蓮四百人的演講廳，如果只坐不到六十個人，不只場面冷清，更達不到我們原本規劃的募款目標。

「花蓮的演講還要繼續嗎？」我跟憲哥開始面對這個問題。看著報名人數一直沒有增加，活動前二十天，我們終於發了訊息給花蓮的主辦人竟堯，除了感謝他的努力，也向他說明：「我們建議取消花蓮場」，憲哥接著說：「也許我們在別的地方再辦一場演講，把善款再回捐花蓮。」

不是我們想放棄，而是考量到大量人員的投入，我們必需評估活動繼續舉辦的可能性。聽到這個消息，竟堯當然很難過，一個籌辦了很久的活動，因爲人數不足而必須選擇放棄。不止努力白費，下一次再有這麼精彩的講座，也不知要等到什麼時候了。那種惋惜及難過的心情我們都懂，但是，又能怎麼做？

但是就當我們決定要放棄時，突然我腦中浮現了一個想法：有沒有可能我們想錯了方向？如果我們把目標放在影響更多人，而不是募到更多錢？這樣會不會有不一樣的結果？再更進一步的想：也許花蓮門諾更需要的，不是我們捐多少錢，而是我們以實際行動，帶來的支持跟支援。

有了這個想法後，我們立即討論了新的方案：把門票降低成原來的三分之一，減低大家參與的門檻，然後我們安排更棒的講者陣容，讓五位講者全部上台演講。另外再宣稱有神秘贊助商捐助，讓大家參加活動有賺到的感覺。我們也打定主意，如果最後募款的金額不足，就由憲福育創—憲哥跟我共同的公司補足。

如果您問我，「這樣就眞的有把握嗎？」說實話，雖然經過仔細的盤算，但是我們也只有不到一半的把握！但是憲哥說過「有百分之四十的把握，就動手去做！」。反正我們只能盡心盡力，就把結果交給上帝吧！

活動當天，四百人的現場果然坐滿！每位講者在台上熱情四射，熱力分享。台下參與的氣氛也極爲熱烈，是非常成功的一個活動。現場熱情的捐款，也裝滿了給門諾醫院的愛心箱。實在很難想像，就在幾天之前，我們還想放棄這場活動！

更意外的是，隔天我們收拾行囊，準備前往台南繼續下一場演講，沒想到在回程的太魯閣號，竟堯傳來訊息說：剛才有人捐了一張十萬元的支票！

原來是我們的投入及不放棄，感動了現場的某一位阿姨，於是她親自帶了一張十萬元的支票，交給門諾醫院。這張十萬元的支票，讓花蓮一場演講的募款金額，竟比台北兩場現場募款的總和更多！這絕對是我們一開始沒有預想到的結果！

我跟憲哥在車上對看了一眼，點點頭、眼眶有點濕了……我們都曾經覺得軟弱、甚至打算要放棄，但是最後堅持行動的力量，才有這樣好的結果。大家看到的，都只是最後的呈現，而過程中我們心境的轉折，其實很少有人知道。

下一次當您覺得軟弱，覺得想要放棄。我只想讓您知道：這很正常，每個人都會這樣，我們也會！或許您只是需要休息一下，可以轉個念頭，也可以想想一些不同的發展，更或許您只是需要，再選擇堅強一下、堅持一下，說不定到了最後，就會開始有些意想不到的成果！

爲您加油，也跟您一起努力！

PART 2

扭轉觀念，儲備動能

你的改變目標是否確定了呢？

憲哥提醒你：

第一步必須要知道你想做什麼？你要怎麼做？

有了目標，有了方向，

再加上充分的熱情、堅持的態度，

你的目標就在不遠處了。

朋友，加油吧！

序幕

現在的你，不等於未來的你

你覺得郭台銘的人生高峰來過了嗎？
你覺得王建民的人生高峰來過了嗎？
你覺得林志玲的人生高峰來過了嗎？
你覺得蔡英文的人生高峰來過了嗎？
你覺得王永慶的人生高峰來過了嗎？
以上這些問題，除了王永慶的人生高峰確定已經來過了之外，其他人的答案都是「不知道」。
現在的你不等於未來的你，覺察自我，展開改變的行動，你的人生高峰將超越你的想像。

抓住人生的行動改變點

大多數人習慣穩定的環境，畢竟剛進入新環境的那種違和感，總令人想要及早排除，好過著舒服快活的日子。進入舒適圈，工作容易做、金錢容易來、每天不會累，相信這是職場中大部分人夢寐以求的理想境界。

可是，市場一直在變、環境一直在變，整個產業的狀態也不可同日而語。不管是企業模式或人力需求，都可能不斷在進化中，職場工作者想要在舒適圈多待上一些時候，都不見得是容易的事。

假設我們找到學以致用的工作，那表示我們在學校裡學習到的各種知識技能將會形成我們的核心能力（Core Competency），而隨著工作經驗的增加，核心能力的強度也會增強，因爲每天工作任務的需求與磨練，將會使我們更加熟練核心能力的運用。

學行銷的，會更加熟悉行銷學；學電機的，會更熟習電子與機械原理；學大眾傳播的，會對媒體應用越來越了解……；這些技能的熟練，無疑將會提升你的競爭力，幫助你在企業裡爬升。

薪水往上爬、職位往上爬、權力往上爬、影響力往上爬……直到有一天，我們爬上了最高點。

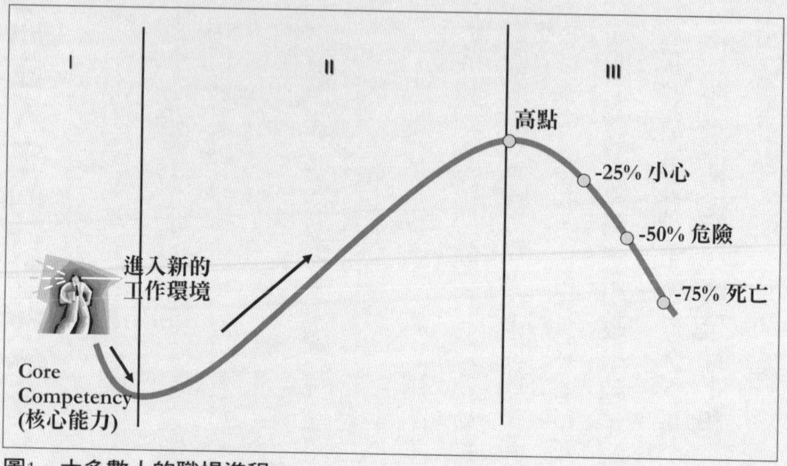

圖1　大多數人的職場進程

這個歷程，就是下頁圖1裡的山形曲線。

可惜，沒有人能夠眞的在高點待太久，個人職涯的高峰期也是稍縱即逝，一旦你抵達了事業高峰，也意味著接下來就會走下坡了。

沒錯，就和登山一樣，爬到山頂看完了風景，接下來就要下山了。爬玉山很困難，登上玉山頂峰很有成就感，但是你應該也不會想要一直住在玉山山頂上吧！

曲線波段的長度，每個人不盡相同，有些人抵達高峰的時間長，有人時間短，端看每個人的能力和努力程度而定。正如登山時每個人的腳程都不同，有些人要爬上一整天，有的人幾個小時就走到了。

不過，如果登上頂峰後就要走下坡，那麼，速度快不見得就好。人生如果太早成功，固然可

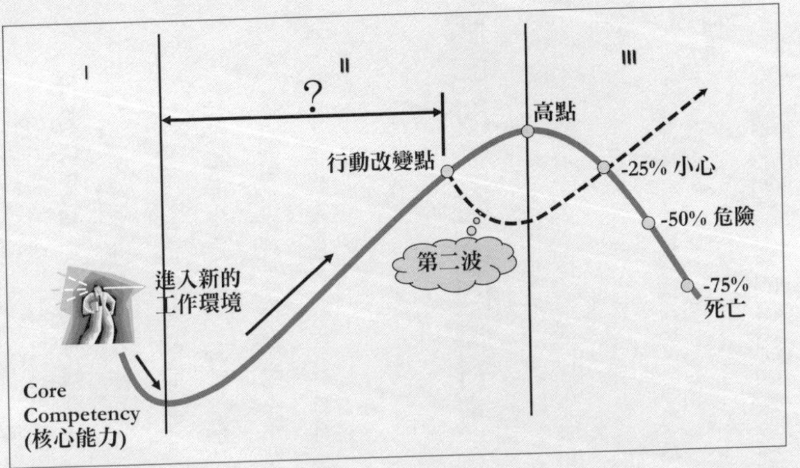

圖2　抓住行動改變點的職場進程

以早日品嚐到成功的甜美果實，但是接下來卻也很快就要面臨小心和危險的處境了。

別人的步調不見得適合你，你可以參考別人的成功經驗，不過最後你的職涯曲線要如何完成，要呈現什麼樣貌，其實還是要自己來決定。

也就是說，你的人生、職業生涯，並不一定只能像圖1那樣的在最低谷時等著被淘汰；你也可以有像圖2的選擇。

在高點來臨之前，會先出現一個「行動改變點」。而這個改變將是扭轉局勢的重要關鍵。

如果你在職場中發生以下症狀，恭喜你，你的「行動改變點」提早來臨了。快快做好行動的準備，因爲你將可能透過實際的行動，避開高點、爬升到第二波人生高峰。

「行動改變點」來臨時的徵兆

1. 開始覺得自己不如人，對象可能是同學、朋友，也可能是同事。
2. 覺得自己以前學的專業不夠用。
3. 覺得缺乏自信，有點窩囊。
4. 討厭出現在公開場合，常常想一個人靜一靜。
5. 希望人生可以有一點點不一樣。

面臨改變時的因應對策

一般來說，大部分的人在面臨改變點時，會有以下幾種因應對策，希望自己更好：

1. 想多學一點專長。（學語文、學電腦、學網頁製作、學指甲彩繪、學跳舞、學開車……）
2. 想增加職場內可用的專業技能。（諸如簡報技巧、問題分析、團隊領導……）

3. 想出國遊學、增廣見聞。
4. 想參與社團、擴大人脈。
5. 想念研究所或博士班，想考取專業證照。
6. 想參與企業內外所辦理的教育訓練。

不管你的選擇是什麼，都是因爲你想排除「落後於人」的窘境和可能性，你期待透過行動上的改變，換取更多更好的可能性。你希望強化自己的知識與能力，讓自己從群體中嶄露頭角，也讓自己從「該淘汰」的名單中除名。

有一件事很重要，就是當你從改變點開始行動的時候，你並不會立刻獲得滿足的回饋，甚至可能變得更低潮（第二波的低谷處）。你可能會更覺得自己比不上別人，覺得現狀只會更惡劣不會改變；你可能會心理不平衡，爲什麼別人在開心玩樂的時候，自己卻得花時間去上課或補習；你可能會害怕自己是不是就這樣墜落深深谷底，永遠翻不了身。

別擔心，要有耐心，只要堅持到底，一切必定會有成果。當你從山谷底一步一步墊上石階，你就能繼續往上爬升。

蹲得越低，跳得越高！

比賽還沒有結束，千萬不要提早放棄，也不要自信以爲自己一定會拿冠軍。誰勝誰負還不知道呢！

毫無疑問的是：**要改變現狀，必須要行動**。

接下來，我想提供大家幾個反思的想法，去打破一些既定想法上的迷思，扭轉自我設限的觀念；從我所知道的經驗與案例中，或許你也可以順利找到讓自己願意改變的方法。

01

提早補強核心能力，在高點來臨前轉彎

想要達成目標，除了下定決心，還有要保持變革的敏銳度。也就是說，你在平常就要不斷地了解自己與環境，如此才能掌握自己的所在位置，隨時做好因應變革的準備，進可攻，退可守。

保持對環境的敏銳度

在舒適圈裡待久了，人的敏銳度會跟著降低，如果不能及時警覺，就有可能錯過好的改變機會。

因此，**隨時檢視自己核心能力的優勢，是每位職場人必備的策略**。如果，核心能力不斷退步，或是在組織中不足以形成優勢，那就表示——必須及早做改變的準備。

準備工作除了多觀察周遭環境，保持自我的變革敏銳度之外，多閱讀、吸收各式資訊也是必備的，透過這些管道培養對環境變動的敏感度，熟知領域內所發生的質變，進而了解自己在工作上能如何提升。

記得要經常和老闆或各部門主管聊聊，站在對方的角度看不同的視野，也讓自己能從中學習用不同的高度判斷事情。

尋找標竿人物，觀察主流核心能力

如果你是領域內的新手，剛開始什麼都不懂，最好的方法就是多看多聽多問多學，至少要明白自己和同事之間的差異，才知道自己的優勢和劣勢。

在領域環境裡尋找一個具有指標性的標竿人物，觀察他的做事方法和核心能力，透過這些觀察，可以找到很多有利的線索，幫助自己在設定行動目標與計劃時，容易找到著手之處。**對方有什麼核心能力我沒有，我想要跟他一樣好、甚至超越他的成就，我就一定要增強這些能力**。抱持積極進取的心態與精神，同時付諸實際行動，很快就能脫離菜鳥的行列。

當然，你也可以積極爭取參與各項教育訓練或企業內訓。企業希望員工全力以赴地完成工作任務，也有義務提供員工學習的機會。這些培訓課程就是機會，更是拓展人脈關係的良機，你不只能學到知識，還能看見領域內的高手，聽他們分享獨家經驗與技巧。

另外，時常看報紙或網路上的徵才廣告。這個做法可以幫助你評估：

你所從事的工作領域，是否仍然處於主流地位？

你所擁有的核心競爭能力，是否仍具有高度的需求性？

產業的人才需求是否有所變動？

有沒有什麼可以再加強或培養的第二專長？

偶爾爲自己打打分數，可以讓你從這些評估的過程中，找到自己不足之處，可以及時補足，有助於自我實力的提升。

不同領域的朋友經常聚在一起聊天，也可以讓我們不會一直侷限在某個特定領域裡，能夠跟得上時代躍進的潮流。

大環境的變動警訊，往往是從微不足道的事開始，你以爲與自己無關，最後卻不得不跟著變革。

提早轉彎，看不同風景

有時候，我們會在現有的職場領域裡小幅變動，有時候，我們會不知不覺發現，自己的成就是在隔了一座山的另一行。不論變動大或變動小，只要自己接受了需要改變的事實，順從改變的心念行動，最後的結果一定都是好的。

回想我從人力資源部門轉調採購部門，是在同樣環境中調動不同的職務；從台達電的採購轉職到中強電子行政部門，則是在相同的產業，做不一樣的工作。

從中強電子轉職到信義房屋，看起來就是一項極大幅度的轉業，這樣的轉換，不僅轉換產業，而且還轉換職務（人事工作轉換成業務工作），這段歷程是我職場歷練中，最困難的一段。而後不管是賣投資理財帳戶或是電子儀器量測維修服務，都脫離不了銷售業務的範疇。

沒有人永遠是菜鳥，也沒人規定你一定得老死在工作崗位上，我們每個人都可以積極地往自己有所熱情的方向走。

只要你知道自己要的是什麼，你想要的人生都能得到。

02

專業知識不等於專業能力

不論現今職場環境有多大的變遷，我想有一件事是不變的——不論你從事什麼樣的職業，或多或少都必須與外在環境緊密配合。

當醫生、律師就吃喝不盡嗎？

過去的求職者在接受面試時，最常被問到的第一句話多半是：

「你是唸什麼科系畢業的？」

但是，現在這個問題恐怕只有剛畢業的新鮮人才會被問到吧！

目前職場工作者在面試時會被問及的問題是：

「請問你對這個產業有何看法？」

「請問你在這個產業裡擅長哪些專業能力？你會什麼？不會什麼？」

「你在以前的工作經驗中參與過哪些專案？」

現在企業在進行人力納編的時候，在乎的不再只是你從學校裡帶來的專業知識，更重視你對產業本身的了解與認知，以及你所負責的工作任務中所需求的專業能力。

以前我老爸告訴我，當醫生就吃用不盡、當律師就能升官發財；但如今，醫生已不再是人人稱羨的職業，當律師更不見得能夠平步青雲、盡享榮華富貴。我想，既然產業別不再是職場榮景的保證書，那麼，你就讀什麼樣的科系、習得什麼樣的專業知識，也不盡然就會保障你未來一路順風得意、升官發財。

專業知識不等於專業能力。

所謂的學歷和專業知識，其實也不過就是提供你比別人多一分入門的機會罷了。進了門，要看你擁有什麼樣的專業能力，你的專業核心能力越厚實，越能在工作崗位上嶄露頭角。唯有眞材實料的實力，才眞正能夠爲你打造出一條康莊大道。

有專業就有機會勝出

在安捷倫科技時，雖然我通過了澳洲老闆Frank的英文考驗，但「爲什麼我會通過面試？」的這個問題，始終圍繞在我心底。

後來，我終於有機會把內心的疑惑問出口了。

二〇〇一年五月，也就是我通過測驗、結束補習班的英文課程後沒多久，我受派到新加坡參加「安捷倫亞洲區服務銷售部門」的年度會議。

第二天議程結束後，我約了Frank，單獨請他吃晚餐。酒足飯飽之後，我決定利用這個機會爲自己解惑。

「爲什麼在第二輪面試的四位候選人中，你會選擇我？」

Frank聽了，停頓了一下，才說：「Be honest（老實說），四個候選人裡，你的工作經驗是最不相關的、工作年資也不是最長的，工作產業更八竿子打不著。不過，有一點是可以確定的……」

聽他說了一連串不好，我心想，接下來他總該要接著說我的優點了吧。

「那就是，你的英文是最爛的！」

我一聽，和他兩個人相視而笑，但也免不了耳根泛紅，簡直尷尬到極點。

不過他還沒回答我的問題，於是，我又問：

「那你爲什麼會選我？」既然我沒一點好，還有一點爛……那，Tell me why?

看我著急，他也不再吊我胃口，他說：「你還記得面試的時候，帶了三樣東西來？那是我決定採用你的原因之一。」

我記得。畢竟那三樣東西算是我當時多年工作累積下來的三大成就。

一是我當選第二屆台灣十大房地產仲介經紀人的時候，受到前副總統連戰召見，在總統府留下的合照。

二是我獲選金仲獎之後，由房仲同業公會催生的一本書《房屋推銷王大公開》，裡面記述了我在信義房屋工作打拚的心路歷程。

三是由金仲獎大會所出版的一本年度專刊，詳列了年度獲獎人的資料。

我還記得，當我拿出這些資料佐證我的工作經驗與工作成就時，Frank曾一邊翻閱一邊對我說：「Lewis, you are so amazing!!」

那時我當他只是說客套話，沒想到，他是真的從這些經歷資料中察覺出我是他所需要的人才。

他說他要的是頂尖sales，不是英文老師，從我的經歷看來，不管是房地產業、金融業，我都展現出我的業務與銷售實力，而且開創出傑出的事業成就，所以他從數位面試候選人中選中了我。而在克服英文障礙門檻的過程中，更顯露出我具備行動的意願與能量，光是這一點就讓他相信我能成功，未來我一定也能夠在科技產業中闖出一番成績。

專業知識不等於專業能力

企業想要提升競爭力，就要善選人才也要善用人才。科技產業自然需求科技專業人才，但相對的，科技業並非只求生產出產品而已，如何行銷產品、創造高業績，也需要同樣專業的人員來執行。

我的老闆選擇我的原因是，**我能賣房子、能賣投資理財專案，而且都能屢屢創出佳績，自然也能賣電子檢測儀器的售後保險服務**；因爲我具備的業務能力，才是我這個職位所需要的專業能力。

英文是專業知識、對於電子電機原理的理解也是專業知識，但是光是具備這幾項專業知識，並不等於能夠順利做好銷售產品的任務。

而我果然也沒讓他看走眼，憑藉著我擅長的業務能力，加上與時俱進的專業知識，業績果然蒸蒸日上。不到五個月，我就拿到了安捷倫亞洲區的服務品質白金獎，隔年就取得年度最佳貢獻獎，二〇〇四年就奪得象徵最高榮譽的總裁獎，我相信這些都不是只看表面的虛浮獎項，而是要靠實際成績才能獲得的榮耀。

每一個人的成就，決勝的關鍵不在於他出校門時所披掛的學歷光環，而是在他踏入職場後是否能夠不斷加強自己的核心競爭力。拒絕改變或是畫地自限，只會讓自己越走越狹隘，唯有不斷擴展自己專業能力的範疇，時時驅策自我變革，才能因應環境變化，取得致勝良機。

你從哪裡開始不重要，重要的是你準備到哪裡去？

03

挑擔要撿重擔挑，行路要找難路行

很多人在職場裡待久了，往往只聚焦在自己的工作中，忽略了景氣在變動、組織也在變動，更糟的是，明明已經發現外在環境的變遷，卻害怕邁出改變的腳步。

害怕的癥結莫過於幾點：怕難、怕失敗、怕丟臉、怕輸。

可是，如果我們不能克服這些恐懼，我們又怎麼能夠在變革中獲取先機，預先做好因應變革的準備？

先評估，再行動

現今社會裡，想要只靠著一招半式闖天下，眞的幾乎已經是緣木求魚的事了。以現有工作爲核心，不斷擴增核心競爭能力，恐怕才是絕處求生的最佳策略。

兩把刷子還不夠，平時就要想辦法多準備一把刷子才能安心。培養自己的第二、第三專長，是因應變革的好方法之一。

或許你一時片刻還用不上這些專業能力，但是隨著你不斷進步、不斷爬升，甚或是外在環境突如其來的變化，都能夠幫助你在危機的時刻，尚留一線生機。

改變行動前的十項評估

1. 假設我離開現在的工作或職位，我還想做什麼？
2. 我很清楚自己的工作能力還有哪些地方不足嗎？
3. 我有很強的學習欲望嗎？
4. 我很清楚企業雇用與我相同專長的工作職位，願意付出多少薪酬嗎？
5. 如果重回新人身分，不管年紀多大、過去職位多高，我都能放下身段嗎？
6. 我現有的核心競爭能力，在未來的五年內可能被取代嗎？
7. 在現有的人際關係裡，我能接觸到學習第二專長的相關產業人士嗎？
8. 在沒有收入的情況下，我可以至少維持半年以上的生活開銷嗎？
9. 我清楚自己專長的市場需求嗎？
10. 我百分之百願意改變和跨出舒適圈嗎？

以上十點，如果你有超過三點以上的答案是不知道或NO的話，你可能已經到了需要注意或是該提高警覺的階段了。

當你得到答案時，你可以選擇即刻開始思索如何改變，也可以選擇忽略警訊。不論前者或後者，很快的你都將面臨變動；至於你是可以老神在在的借力使力，從改變中崛起，還是不得不在改變洪流中滅頂，就看你自己的本事了。

挫折造就新契機

我在信義房屋剛升店長的那一年，第一季業績就沒達成目標。

從超級業務員變成管理職的店長，光是工作內容的變化就讓我不甚適應，每一季的業績壓力更是令人頭痛。沒達成目標業績，在全國各區分店裡排名落後已經很讓人沮喪，更丟臉的是公司，立刻發出一道行政公告，要求未達成目標的店長，在某月某日準時到新北市觀音山下集合。

「沒達成業績就沒達成業績，獎金歸零就算了，還爬什麼山呢？」

「爬山就能提升業績嗎？」

當時幾個跟我一樣菜的店長，知道消息後也跟我一樣忍不住碎念。

踏著一階又一階的石階，每個人都走得滿頭大汗，渾身又濕又餓，體力全都不及格。沿途上，沒什麼人閒聊，大家都暗恨在心裡，咬著牙邁步，不想讓自己連爬山都是最後一名。

總算攀上了硬漢嶺，山頂有個阿伯在賣飲料和泡麵。問他：

「阿伯一碗泡麵多少錢？」

「五十塊。」不二價。

眞是太扯了，山下便利商店一碗十七元的泡麵，到了山上竟然要五十塊。有人虧阿伯坑人，但阿伯氣定神閒地用台語回了一句：「滾水免錢喔！」

當下所有的人對於供需原則，都有了一番新的體悟，乖乖掏錢買泡麵裏腹。可能是眞的餓了，連泡麵都感到萬分美味。

吃完了麵，休息夠了，大家精神也好多了。區主管讓我們圍成圈坐在一起，大家心知肚明，接下來就是小組討論，也是這回登山活動的眞正目的。

區主管問：「你們覺得公司爲什麼要舉辦今天的登山活動？」

大家面面相覷，被點到名的就只好說話。

「要讓我們鍛鍊體力。」

「要培養耐性。」……

其實人人心裡最想說的大概是「要懲罰我沒達成目標。」

區主管沒公布正確答案，反而接著問：

「到了山頂，面向淡水河，你們看到什麼？」

看到山、看到樹、看到河、看到天空、看到雲……答案自然也是千百種，只差沒人說看到鬼了。

結果，區主管要我們看的，是不遠處的一座牌樓。牌樓上的對聯寫著：

挑擔要撿重擔挑。

行路要找難路行。

橫批：硬漢嶺。

細細品味這一段話，心裡漸漸明瞭了剛才區主管的問題。

人要往阻力大的地方走

回想這一段登山的過程，雖然沿途走得氣喘吁吁、渾身是汗；但是登到山頂來，遠眺大台北的風景，感受涼風徐徐，倒也真的有一股舒暢愉快的感覺。再加上剛剛吃下一碗美味十足的泡麵，更加了解，不是泡麵真的有多好吃，而是經過一番努力克服難關後的成果，幫泡麵加了調味料。

區主管說：「你們要記住這句話。比較難的路、比較重的擔，雖然會讓你們忍不住叫苦連天，但是一旦克服了這些困難，你們所得到的收穫，也一定會讓你們覺得一切辛苦的付出都很值得。」

「當店長就是重擔，就是難路，想輕鬆度日或是逃避壓力，你們大可回去跑業務，只要管好自己的業績就好了；但是如果你們能夠跨越這個難關，把整家店好好帶起來，你們已經是往下一個階段邁進了。」

果然不是好漢不上硬漢嶺，既然上了嶺，自然個個是好漢，大家聽了都心有戚戚焉。我暗自發誓，下一季一定要好好努力，因爲我既然想往上躍升，就不能停住，更不能只因爲一季沒達成就退縮不前。

或許是心念的轉變，在我最年輕氣盛的時候，遭遇困難我沒有鬆懈或放棄，而是更積極地往許多難路闖關挑戰，也因此得到更多珍貴的墊腳石。

我經常會勸勉一些年輕的小輩或學員，特別是三十五歲以下的朋友，一定要記住這句話：

「年輕人要往阻力大的地方走。」

阻力大的地方就是重擔、就是難路，或許會花你很多心力，或許會讓你覺得疲償，可是人生不是得到就是學到，在年輕的時候學到的越多，可以幫助你在未來得到更多。

至於三十五歲以上的朋友們呢?別擔心，這裡也有一句好話送給你們，那就是：

「往阻力大的地方走，會變年輕！」

正所謂「老當益壯」就是因爲能夠全神貫注的去挑戰、去創新，不管是新事物或新環境，都能讓我們爲了因應改變而催生出新的活力。

不要怕改變，不要怕嘗試新事物，不要怕難關，不要怕重擔；當你鼓起勇氣和毅力決心去面對、去開始行動，你就能擁有百分之百的力量，幫助你克服一切難題。

04

下雨天是勇者的天下

下雨天的時候，沒人想要外出。不撐傘會淋濕，帶傘又麻煩，除非穿雨鞋，否則鞋襪一定濕答答。可是，有沒有人想過，在人人都不出門的下雨天，其實也可能是一個契機，一個可以讓勇者獨闖的天下。

跨越難關的獲得

在一九九六年六月的一個夏日午後，當時我在信義房屋新生店擔任高級主任。所謂高級主任，就是成績優秀得以晉升的業務員，一方面要協助店長處理店務，一方面也要帶領同仁衝刺業績，準備邁向店長之路。

當然，事情並不像我想的那麼輕鬆順利。就在那個又是風又是雨的下午過後，讓我體悟了一個轉變心態、跨越難關的重要訣竅。

那一天輪到我值班，由我負責接電話，吃完飯中午午休時，同事們多趴在桌上睡覺。

約莫一點十分左右，我接到了一通客戶的電話。

「我想請你帶我看一下靠近師大附中的那間房子。」我知道那個案子，是一間在靜謐巷弄裡的電梯華廈。

生意上門了豈有不好之理，我立刻答應了。

不過，我還在值班，得等到午休時間過了，睡午覺的同事起來以後才能出門。於是，我對客戶說：

「請問我可以跟您約一點四十五分嗎？」對方也很爽快的同意了。

我當時的打算是等一點半午休結束，立刻騎摩托車出門，不用五分鐘就可以到帶看的房子樓下。

可惜天有不測風雲，誰知道在我要出門的前一刻，突然下起超級無敵傾盆大雨。

那陣雨大到讓人無法想像，我敢說，只要沒有雨衣雨傘走出去，不出三秒鐘，肯定全身從頭濕到腳、從外面濕到裡面。

如果是你，在這種情況下，你會去嗎？

你的選擇是放客戶鴿子？打電話改時間？還是，選擇信守承諾，堅持出門前往和客戶相約的地點？

我去了，還準時赴約。

當時，外面傾盆大雨，我毫不遲疑，拿了小飛俠的雨衣就套上，發動我的小綿羊摩托車，從新生南路一段左轉到信義路三段，短短不過八百公尺的距離，我卻慘遭雨擊渾身濕透。

我不是開玩笑，要是我當時身上穿的是紙內褲，肯定只剩下三條橡皮筋。等我騎到目的地，只能一身狼狽的和客戶打招呼。

脫了濕答答的雨衣，我和客戶一起搭電梯到六樓，一路上我只能聊勝於無的拿手帕擦乾身上、臉上的雨水，一邊笑著說明房子的狀況，試圖化解初次會面的尷尬。

出了電梯、開了門，拖鞋只有兩雙，自然是讓給客戶穿。我沒拖鞋穿，可是也沒打算穿著濕得可以倒出水來的鞋子踩進屋裡，畢竟這間房子是我在打理的，連地板都是我拖的，現在多個步驟，等一下可以省上大半天的工夫。

我脫了鞋、襪之後，捲起褲管，拿手帕拍拍腳底，確定腳底都乾了才進門去。這一番整理花了點時間，但是客戶還是站在門口，一直看著我，等到我處理好了才一起進去。

這個案子後來成交了，儘管過程中程序複雜、百般辛苦，但是能夠完成任務，就是一件令人開心的事。

更令人得意的是，後來，這位客戶搬了新家，舊的房子也委託我銷售，讓我的業績繳了一張超漂亮的成績單。他的理由是：

「我看到你那麼照顧屋主的房子，腳濕了還先脫鞋、襪，把腳擦乾才進去，房子不交給你賣，要交給誰賣呢？」

原來如此。當時，我聽了心裡眞的萬般感動，畢竟一切努力都是値得的。

在對手鬆懈時拉開距離

房子成交了，開早會的時候，除了請客之外，店長也點名要我和大家分享這個案子成交的經驗與心得。之後，店長在白板上寫了一句話：

下雨天是勇者的天下。

並說：「大家要好好記住這句話。別人不做你來做，不要灰心放棄，只要堅持到底，結果就會不一樣。」

會議上大家忍不住互相打趣，說店長的意思可能是指大家以後下雨天出門帶看，最好都不要穿雨衣、拿雨傘，這樣看起來會比較可憐，可以博取客戶的同情。然而，在大家哈哈大笑的同時，我不禁也有一種很深的體悟。

我在心裡問了自己好幾個問題：

下雨天，公司分店其他的業務都不出門，而我出門……

下雨天，其他房仲業者都休兵一天，而我出門……

下雨天還會出門看房子的客戶，是不是意味著他是認眞的？

下雨天客戶看到我誠心帶他看房子，會有什麼樣的感覺？

下雨天若是把服務做得更好，服務人員臉上非但沒有不悅，反而笑容滿面，客戶會有何感覺？

我心裡開始好奇，爲什麼下雨天和客戶約好了，大家都知道「要去」；可是，卻總是「不動」呢？

雖然大家心裡知道積極進取的重要性，但是眞的遇上下雨天，多半還是會選擇待在屋裡，沒人會想要在雨中穿梭奔波。

如果說晴空萬里的好天氣，就像打順手球；那麼，下雨天是否意味著正在進行一場逆境求生、反敗為勝的比賽？

在對手鬆懈的時候你全力衝刺，是否能夠為你帶來更多機會和可能性？

別人不做的，我來做

我到安捷倫科技工作以後，經常要到林口一家知名廠商拜訪。那裡儼然就是兵家必爭之地，我每次去的時候都發現，不只停車場，大廳沙發也是一位難求，連扶手上都坐滿了業務代表。

這家廠商很貼心，大廳裡總是備了一大桶的冰紅茶，讓來客等待的時候，可以喝喝茶、聊聊天、放鬆心情。當然，廠商並沒有貼心到紅茶喝完了還即時補滿、無限供應；晚來的人當然沒得喝。

更不用說，每次拜訪時我在大廳等候，負責的窗口下樓後會直接站在樓梯上大喊：「安捷倫、安捷倫」，直到我舉手回應，兩個人才得以洽商業務。

長年從事業務工作累積而來的敏感度，讓我每回舉手，都不免會有種芒刺在背的感受。假使在這一大群看起來都差不多的業務人海裡有我的競爭對手，這樣大喊加上舉手，不正好讓人知道我接洽的是誰了？

之後，又是一個傾盆大雨的日子，一向秉持著「下雨天是勇者的天下」信念的我，依然在雨中準時拜訪客戶。結果，令人訝異的是，停車場沒車，不用繞來繞去找停車位；大廳沒人，不只沙發任你坐，紅茶也任你喝，還可以輕輕鬆鬆的等待會面，連會議室都不用搶。

我這才發現，原來並不是所有的人都和我一樣，理解下雨天是危機也是轉機；我也才明白，原來並不是所有的人都會不怕痲煩的選擇在下雨天出門。

別人不做的，我來做；別人不出門，我樂意出門；別人不懂把握的，就是我的機會。

想一想，你正處在下雨天嗎？

你是勇者嗎？

你願意改變嗎？

扭轉你的觀念、改變你的做法，也許，你就有喝不完的冰紅茶、接不完的訂單、數不清的資源和機會。

05

小池塘裡當大魚

很多人都會欣羨成功人士的成就，羨慕他們事業版圖龐大、市場占有率超高，彷彿不景氣也打不倒，無須花太多投資，生意總是嚇嚇叫。

我想，舉凡成功者必定有成功的條件，光是羨慕沒有用，懂得分析別人成功的因素、了解自身的特質，而後尋找出最適合自己的做法，才是最重要的。

成為領域裡的專家

我歸納出幾個成功的關鍵祕訣：

一是專業。也就是基本功，只有夠水準的人才有機會保有參賽權。

二是平衡。人生不只有事業一個區塊，面對激烈競爭的時候，更要保持生活重心平衡，維持事業、家庭和諧，才能在逆境中不用分心、不會跌倒掉棒，發揮所長。

第三是給自己足夠的時間。如果逼得太緊、衝得太快，難保會失速或出差錯；只要跑的方向正確，目標鎖定之後，不管路再遠，持續前進一定到得了。

最後，還有一個很重要的觀念，就是：**小池塘裡當大魚**。

你可以不用要求自己一下子就成為全球頂尖、攀上世界頂峰，成功不盡然只有一種模樣；不管領域多小，只要成為領域裡的專家，能見度一樣很高。

請各位想像一下：一條街有四家牛肉麵店。

第一家店，裝潢氣派奢華，招牌上寫著「全世界最好吃牛肉麵店」，看起來豪氣非凡。

第二家店，招牌上霓虹閃爍，同樣不客氣的寫著「全亞洲最好吃牛肉麵店」。

第三家店，掛著「全台灣最好吃牛肉麵店」的招牌，裡頭的服務生年輕貌美、打扮火辣。

最後一家店，位在巷子底，座位少，沒冷氣，更沒有美麗的服務生、排場豪奢的大廚師，小小的招牌上寫著**「本條街最好吃牛肉麵店」**。

前三家店雖然有客人卻不多，只有第四家店高朋滿座，沒位置坐的客人還排到馬路上。

你覺得哪一家是真正好吃的牛肉麵店？

「全世界最好吃」、「全亞洲最好吃」，甚至「全台灣最好吃」，都是讓人覺得榮耀的稱號，但相對的，也必定得經過一番激烈競爭才能得到。換句話說，不管怎麼樣都得要有真材實料才行，不論對煮麵的人而言是如此，對吃麵的人來說也一樣。

我沒吃過全世界的牛肉麵，怎麼知道你是不是全世界最好吃的？然而，要吃完全世界的牛肉麵談何容易？不過，要吃完一條街的牛肉麵，就容易多了，四家店吃完，誰好吃、誰不好吃，立見分曉。

簡單來講，招牌上寫的雖然可以吸引顧客的目光，但是產品本身能不能禁得起考驗，才是真正勝出的關鍵。包裝得再華麗，如果是金玉其外、敗絮其中，就絕對不會有人再上第二次當，自然生意也好不起來。

所以，在求大之前，還是得先求好。讓服務的品質獲得肯定之後，要躍升到另一個位階，就不見得是難事了。

先在小池塘裡勝出。池塘不怕小，就怕你成不了大魚。

鵝肉攤上神之手

我有一個國中同學，國中畢業就沒再繼續升學，而後在中壢市場裡賣鵝肉。我們失去聯絡很長一陣子，也沒有太多印象了，先跟他相認的反而是我爸。我爸從市場回到家來第一件事就是跟我說：

「我今天遇到你的國中同學，他在中壢市場賣鵝肉，嗯，這個年輕人了不起。」

我爸平時就喜歡煮菜，也特別崇拜會煮菜、烹調的人。那一天他到市場買鵝肉，剛好認出了我國中同學，兩人聊得很愉快，接著我爸跟他說要買一斤鵝肉。

只見我同學手起刀落，一塊鵝肉就俐落的切開、包妥，動作一氣呵成。

我爸看得目瞪口呆，差點忘了接過鵝肉，只能驚訝地說：

「你不秤一下嗎？」

「不用秤我就知道剛好一斤。」

我爸當然相信他的商譽，只是看他那樣自信的態勢，就忍不住還是要他真的秤一下，果眞放上秤盤，正好一斤，不多不少。

「謝伯伯，你要半斤我也可以半斤，你要兩斤我也可以兩斤。」眞是鵝肉攤上的神之手呀！他還說，有三隻鵝擺在檯上，他一眼就可以看出每隻鵝多重，而從鵝皮的顏色和光澤就知道那隻鵝有沒有問題，能不能賣上好價錢。

「哇！你怎麼那麼厲害！」我爸聽了好生佩服，直封他是中壢市場的鵝肉大王。

「你同學才國中畢業，沒念高中也沒念大學，一個月就賺十五萬了耶……」

當然，一個人的價值，並不能從月收入去評斷；然而鵝肉大王的故事卻告訴我們：

改變你的觀念：想實現願望，不須訂下做不到的目標，只須先從核心能力開始著手。**我們沒有必要成為全世界最厲害的，只要先成為這條街、這家市場裡的大王就夠了。**

06

同行不是冤家，異業可以爲師

我從不吝惜在課堂上和每個人分享我自己的經驗，不管是轉職、面對挫折的態度，或是在業務工作中的專業技巧。

有些人會問我：「你這樣不怕被別人偷學光嗎？」

我其實從不擔心，因為我始終相信一件事：同行不是冤家，異業可以為師。

同行不一定會相爭

我的學生來自各行各業，很多人都是他們所處領域裡的大魚，每個人都有自己的幾把刷子。有時候，我覺得自己雖然教了他們不少，但也從他們身上學到了很多。

舉例來說，有位學生郭小妞聽了我的課之後，也開始爲自己的人生職涯做進一步規劃，雖然她轉職房仲業沒有成功，但卻順利進入汽車銷售業，勇敢挑戰業務工作。她後來來信寫道：

第一次踏入銷售相關行業並不熟悉，剛起步時，跌跌撞撞的前三個月一部車都銷不出去。無助的打給憲哥，憲哥卻笑笑的對我說：「沒有人生出來就會賣車的。」

後來我聽了憲哥的建議後，轉換心情，將業績的壓力轉換為動力，用最愉悅的心情把基本工作紮實的做好！就在第四個月一口氣衝到五台業績！

謝謝憲哥，要不是遇見你，我可能還找不到正確的方向！也或許我可能在進入車業前三個月就陣亡了！

我當然很開心看到她從挫折和沮喪的谷底努力地向上攀升，而且漸漸走出自己的自信。

雖然她說是聽了我的建議而得到鼓勵，同時也有信心去面對困難；但我又何嘗沒有從她努力成功的經歷中，再一次實證了我的理念和想法。

另一方面，我在網路上經營部落格，幾年下來也小有成果，最近遇到三位講師同業，他們都異口同聲跟我說：「我們都看你的『憲哥部落格』，而且也被你熱情又專業的講師態度給打動。」他們紛紛表示希望能與我多多學習及分享講師心得。

雖然說「同行相爭」，可是，我並不這麼想。

同行不是冤家，異業可以為師，沒有誰是誰的老師，只要大家願意在講師能力上精進，教學相長，不也是一件好事？

以顧客為師

李堅強是我的一名學員，課後我們互換名片，我才知道眼前這位汽車營業所的所長，是個六十幾年次的年輕人，他進入汽車業才不過十年，就能累積出上千台的銷售業績，還曾經榮獲《商業周刊》選拔的「全國超級業務員」。

他會獲選有一個很重要的觀念，就是：**以顧客為師**。

他說：「我喜歡從敗戰的客戶身上學習。」

這個想法很有趣，一般來說，狠心拒絕我們的客戶，往往像是在我們心上劃下一刀，讓人飽嘗失敗的痛苦，試圖忘卻都來不及了，更不用說很快的再次聯絡。可是李堅強被拒絕了卻反而越挫越勇，他不是一再去盧對方：「拜託你跟我買車。」而是打電話請教對方：「爲什麼你不跟我買車？」

當然，很多人會被他的電話嚇了一跳，但是聽他誠意的請教，最後也多半會把他們考慮的理由說出來。比方說：

「因爲你一直催我，讓我感覺很不爽。」

「我是想跟你買，可是我的車庫擺不下。」

「我老婆不喜歡。」

顧客的答案什麼都有，但是這些答案的背後其實都有很深刻的道理存在。

李堅強就是從這些答案裡去省思自己在銷售過程中，還有什麼可以改善的空間。例如，要給客戶足夠的時間和空間，讓他們可以好好考慮同時也覺得受到業務員的尊重；還有要多關心、觀察客戶的需求，甚至也要關照客戶周邊的人，因爲他們雖然不是掏錢的人，卻往往能夠影響客戶的決定。

如果你因爲挫折就選擇避而遠之，或是乾脆放棄，你不只沒得到訂單，也損失了一次學習的機會。

打破自我設限，重現光明

記得我在信義房屋服務時，有一對夫妻視力都受損，生活非常不便。但是在找房子的過程中，他們卻給了我一個很讓人訝異的要求——他們希望找一間光線很明亮的房子。

當時，我心裡多少會納悶，眼睛看不見的人要找一間光線明亮的房子幹嘛？反正都一樣看不到，不是嗎？後來在帶看的過程中，我每一回都要發揮自己的「生花妙口」，想盡辦法讓他們了解每一間房子的概況，透過視覺以外的其他感官讓他們體會新房子的特色。

最後，總算找到讓他們滿意的房子，也第一次讓信義房屋上下動起來製作點字版房屋合約。

然而在正式交屋，我把房子鑰匙交到客戶手上時，那位先生說：

「謝謝你幫我們找到好房子，我們就知道信賴你是對的。你知道我爲什麼要找一間光線明亮的房子嗎？」

我不知道，也很想知道理由。

「因爲，我不希望我的孩子跟我們一樣每天生活在黑暗裡。」

我當時才回過神來理解到，這對夫婦並不是先天視覺受損，而他們的三個小孩也都跟一般人一樣健康。原來，他們之所以想換房子，是希望爲自己的孩子換一個明亮的未來。

我們每個人都不是聖賢，我們都有自己專長和不擅長的事。改變狹隘的觀念，捨棄自我設限的心態，結果會有很大的不同。

07

以合作分工取代分工合作

「分工」真的可以「合作」嗎？

在現代的組織裡，為了追求工作效率，分工往往越來越細，讓組織結構變得越來越精緻，每個人、每個單位，負責的任務目標就是減少錯誤率、要求快又有效率。

但是，大家在企業組織裡分工越細，結構越複雜，真的都沒有問題發生嗎？

先合作，再分工

「分工」這個字，英文是division，這個字是由「di(a)」和「vision」兩個字根組成的字，其中「dia」是分開的意思，而「vision」則是願景的意思。換句話說，「把願景分開」形成了「分工」這個字。

至於「合作」的英文是Cooperation，這個字的組合是「co」和「operation」，其中「co」是一種集合的概念，而「operation」則是操作或運作的概念。所以「組合眾多操作運作」的概念是「合作」。

「分工合作」是先分工再合作，可是，先分工了以後，要怎麼合作呢？

以一般企業組織裡來說，每一家企業都是由許多小集團、小單位組合而成的，每一個集團和每一個單位都有各自的工作任務與目標，表面上把大家的目標相加起來就等於是企業目標，然而在實際運作上，裡面往往有很多自我意識和畫地自限的本位主義，反而造成合作上的困難。

不合作的人易被淘汰

有一次我到一個公家機關辦理手續，當時大概接近午休時間，並不是每一個窗口都開放受理，所以有開放的窗口全部大排長龍，每個人抽了號碼排都得等上幾十號。

這時候，櫃台窗口的電話響了，櫃台人員忙得不可開交，實在沒手接電話。他隔壁的窗口雖然回到座位上，但是大概休息時間還沒結束，手裡還端著茶杯，好整以暇地喝著茶，揉揉眼皮、搥搥肩膀，就是沒想到要伸手按個轉接鍵、接起電話。等到負責的窗口終於能放下手邊工作接電話時，那通響了至少三十秒的電話聲也停了。

只不過是幫忙接個電話，眞的有那麼困難嗎？

這就是分工合作的困境，你的事，不見得是我的事，我的事你最好能幫我做一點，結論就是分工越細越無法合作。

如果沒有很強的溝通平台，那麼這個同床異夢的組織大概很快就會分崩離析了，至少，很難有什麼樣超越性的成就，反正我做完我的事就好了，你做不好是你家的事，罵你又不是罵我。

然而，「合作分工」就不同了，組織首先要建立彼此合作的共同目標，讓組織內的每個成員都知道自己在爲何而戰，是爲了什麼在打拚？

產業的目標爲何？

團體的目標爲何？

個人的目標爲何？

哪幾個部門需要相互協力、共同分擔？

以良好的管理機制來整合合作的力道，如此一來彼此才能眞正分工，共同創造最大績效。

你幫我、我幫你，人人有飯吃

有一則寓言裡說到，在天堂裡吃飯，大家是手拿長筷子，圍坐大圓桌。由於筷子實在太長，所以天堂裡的人是拿長筷挾了菜之後，把菜送到對面去給同伴吃，而自己張口吃著同伴送來的飯菜，這樣一來，人人都有飯吃，氣氛也和樂融融。

而地獄裡吃飯也一樣，每個人手拿長筷子，圍坐大圓桌。由於每個人都想挾菜給自己吃，手肘一彎，筷子上的飯菜還沒送到自己嘴裡，兩旁的人手和筷子就撞成一團了，最後不只飯菜掉滿地，大家還吵成一團，最後誰也沒得吃。

我在安捷倫科技曾經獲得象徵最高榮譽的總裁獎，我能夠得到那榮耀的一刻，要感謝兩個女人。第一個不用說，當然是我老婆，沒有她的鼓勵和支持，我撐不過最初的英文難關，也沒有辦法全力在工作上衝刺。

另一位就是我在工作上的好夥伴Eva。我得獎的原因是我們單位連續四年創下亮眼的業務佳績，而要達到這項成就，有賴我和Eva合作分工的策略奏效。我們單位裡就兩名成員，一個是我，一個是她，但是我們不看個人業績，只重團隊績效。換句話說，我在外開發的業務，因爲有她後續追蹤連繫，才能夠彼此裡應外合，一網打盡。我有困難，她會主動支援；她需要協助，我也義無反顧，同事之間能夠如此合作無間，眞的是很難得的福份。

我們從不計較誰的業務多、誰的工作少，而是把達成每一季的專案目標視爲共同目標；我認爲，這是我們之所以能夠成功的根本原因，而Eva更是我那座總裁獎的幕後英雄，那是我們共同創下的團隊成就。

換個想法、換個念頭，我們就不會只顧著自己，而會願意在行有餘力時順手幫人一把，最後，我們將能共享合作的成果。

現在！請從幫忙接個電話開始吧！

08

沒有人是天生的，人人都是媽生的

很多人常問我：「憲哥，你怎麼那麼厲害？好像天生就該吃這行飯。」

我總是回答：「沒有人是天生的，人人都是媽生的。」

大家覺得我在開玩笑，但是我是認真的。如果，你什麼事都推給天賦，什麼事都怪老天爺，那麼你一定會錯失很多機會，因為有很多戰役和戰場，你還沒打就認輸了，勝利當然也不會屬於你。

誰是天生就會的？

我不是天生就會賣房子，也不是天生就能當講師，之所以能有今天的一切，都是我全力以赴、堅持到底得來的。

我從來沒有想過我會踏入科技業，也從沒想過一向避英文而遠之的我，到頭來還進入外商公司工作，過著每天看英文信件、和主管以英文開會的生活。

這天底下還有什麼是天生就會、後天學不會的呢？

每個人都有專屬於自己的天賦，有的人性格活潑、喜歡交朋友，有的人細心謹慎、耐性超強，但這並不意味著人有了天賦就可以完全不努力，也不代表如果你某個方面能力較弱，就只能選擇放棄。

我有一位房仲業的前輩，有次和人打賭，要在三個月內學會高爾夫。他第一時間就開始四處詢問，有沒有人可以在清晨五點到七點之間這一段時間裡教他打高爾夫球，而且要從認識球桿、了解球賽規則等開始一步步教起。

大概是他的意志夠強烈吧，果真很快讓他找到一位可以在他上班之前教他打球的教練。於是，他每天凌晨就起床，直奔高爾夫球場，痛快學習、磨練兩個小時；然後，在球場盥洗完畢、吃完早餐以後，才神清氣爽的到公司刷卡上班。

在那三個月裡，壓根沒人知道他到底是什麼時候去練球的，可是到了決戰當天，他卻能夠從一個對高爾夫球全然無知的門外漢，順利取得了比賽勝利，實在是讓人覺得不可思議，也心生佩服。

他的球技沒有到達頂尖，但是卻也有了相當的基礎，揮起球桿來架勢十足，幾乎沒有人看得出來，他只是個初學的新手。

他說，贏的祕訣只有一個，就是一**直練習**。

只要肯學，沒有學不會的事；只要肯做，沒有做不到的事。

你願意付出心力，願意改變自己畫地自限的觀念，就有可能闖出一番成績。

想學，就學，一定學得會

後來，這位前輩不只戰勝高爾夫球，還以同樣的方式搞定日文。

當時，他服務的公司正準備拓展日本市場，開放一百二十位報名名額讓同仁爭取，入選的人將會至日本受訓，派駐到日本工作。

好勝心很強的他，也報名了這次的競賽，其中有一個條件是，參選者必須具備基礎日文能力。

對他而言，房仲業的業務技巧沒有太大難度。他曾經當過好幾家店的店長，還曾讓瀕臨結束的駐點重獲新生，可是，對於日文，他真的一竅不通。

評估過自己的勝算後，他決定在評選之前學會基礎日文。

和學高爾夫一樣，他還是採取相同策略，四處詢問有沒有人能在早上五點到七點教他日文。這次他可碰了壁，只找到晚上七點到九點可以到他公司的日文老師。

這一段閉關修練的過程，讓他順利打敗一百多位競爭者，成爲最後六名得以前往日本接受特訓的幸運兒。

台灣和日本的房地產狀況當然有所差異，這些被選出來的精英，也肩負公司的事業開拓任務，辛苦自然是不足爲外人道，可是他卻憑著一股毅力和決心，不但一步一步在新的市場中站穩腳步，也躍升當地管理階級。

如果他覺得自己學不會日文，他可能就不會去找老師，也不會有勇氣參加競賽；如果他擔心自己不能適應在國外工作的生活，也不肯去嘗試，那麼他也無法在異鄉拚搏出一番出色成績；如果他覺得一切都很難、不可能，他就不會選擇去挑戰，也不可能會成功。

所以，人的能力不全然是天生如何就如何，而是可以仰賴後天去造就和強化的。

或許，有些能力終究會有所限制、無法達到頂尖，但是只要你的核心能力夠專業，其他的能力都是拿來加分的，多一項本事，你也就多一番機會。

你當然可以選擇停留在原地、堅持不改變，抵死不行動，但是請不要用「我天生

就不會」這種藉口；因為，我們都知道，沒有「天生就會」這回事，但也沒有「永遠學不會」這回事。

我可以，你也可以

心暖了，行動就有力量

余懷瑾（2016 TED×Taipei講者、萬芳高中國文老師）

我一直是個瞻前顧後，猶豫不定的人，不做沒有把握的事，免得失敗後懊悔萬分，痛苦不已，憲哥「行動的力量」讓我變成了正面而積極的人，這改變我自己都覺得很神奇。

二〇一五年六月八日是我第一次見到憲哥，在「成功者絕口不提的人生選擇」這場演講中，舞台上的他有著如五月天般揮灑自如的熱情，就連最後一排的觀眾都能夠透過聲音和臉部表情感受到他的活力四射。憲哥賣力地用「麥克風」傳遞「信念」，讓身爲老師的我開始思考我在講台拿著麥克風是否也如此具有能量與影響力呢？

憲哥用堅毅亢奮的語氣說出：「台灣不缺抱怨的人，只缺捲起袖子做事情的人。」這句話帶給我極大的震撼，鏗鏘有力。六月二十七日，八仙塵爆導致四百九十九名平均燒傷面積大於百分之四十的病人，我可以體會這些患者的不安與無助，也為醫師被責備救助傷患不夠積極而心生不平，我很想為醫師和患者做些什麼，我想成為捲起袖子做事情的人。

於是，我打開心結，講我從未講過的故事，以我身為腦性麻痺家長的身份寫下〈同情與同理〉這篇文章，在文中聲援醫師並鼓勵患者。

「八仙樂園塵爆意外，醫生的初衷就是救人，如果有個閃失，失落最大的莫過於醫護人員與家屬。

想當年，雙胞胎女兒七個月早產，住進了保溫箱，以『平安』為名，這是天下父母親最初的心願，姐姐平平九百克，妹妹安安八百克，病危通知就像廣告傳單天天交到我手中，醫生說：『快去辦健保，醫藥費負擔很沈重。』不到一週，安安即因『心臟導管閉鎖不全』進行手術。危險期，醫生說得少，總要我們安心等待孩子返家。穩定後，醫生才告知安安可能終身癱瘓，一輩子都得躺著，至於語言或認知能力，則不在醫生考量中，活著就好，活著的價值與意義是什麼此時並不重要，眼淚不知流了多少回。兩個孩子都領有重大傷病卡與身心障礙手冊。

夜晚時，我經常聽不見安安的哭聲，經檢查才知是『心臟導管閉鎖不全』的手術傷及左邊聲帶，兩害相權取其輕，活命才是最重要的，我懂了。」醫生就是醫「生」，以救人爲職志。

「『小孩四歲還不會走路喔，好可憐喔。』『妳懷孕的時候是不是沒有誦經？』『這個病會不會遺傳？』這些人友善地站在你的面前露出了遺憾與害怕的眼光，憐憫的言語，交淺言深，他們讓你相信你的狀況絕對是全天下最糟的，雪上加霜的關心，讓僅存的自信心因為這些人無謂的語言再度退縮牆角。然而，這社會什麼人都有，學著讓自己變得堅強，才能面對異樣的眼光，無所畏懼。同理心是站在你的身邊陪伴你，進到心裡陪你一起感受的，他擔心著你的擔心，感受著你的焦慮與不安，試著陪你解決問題，即使無計可施，你卻依舊感激。人心是溫暖的。」

期望這社會該給予的是更多的同理心而不是廉價的同情心，這樣才能眞正地幫助患者建立自信心。我在書寫的過程中回顧自己這十一年照顧腦性痲痺女兒的心路歷程，不知道爲什麼十一年來的心理障礙就這樣跨出了第一步，而且是一大步，這篇文章造成很大的迴響，讓我開始對「行動的力量」深信不疑。

二〇一五年七月十二日憲福講私塾花蓮公益場是我第二次見到憲哥，「買一送一」，憲哥和福哥聯手登台。我這輩子都沒想過會爲了聽一場演講跑到花蓮。第一次一個人搭這麼遠的火車，第一次一個人到花蓮，第一次在出發前一天還買不到回程票，第一次出遠門有這麼多的不確定感，第一次爲了一場演講加上車程花了十二個小時，這些前所未有的嘗試，我自己都覺得不可思議，憲哥到底有什麼魔力？

憲哥豪邁奔放感染力十足，福哥謙虛含蓄娓娓道來，他們都說自己的故事，現場互動帶來更多的感動和鼓舞。他們說著自己的故事笑中帶淚，這不就是人生嗎？哪能一路順遂？這次的演講幫助我反思自己更多，「耐著性子做到好就是天賦」，即使大家總說現在學生愈來愈難教，我在教學現場依舊如魚得水，教學肯定是我的天賦，只是以往我倚恃這天賦而不自覺；憲哥持續寫部落格的毅力也激勵了我，我的部落格每週至少一篇不曾間斷。至於演講當中那些生命的故事，帶給我的感動如漣漪不斷地向內心深處擴散，我發願要說自己的故事，勇敢地面對自己的人生，也期許能幫助跟我同處困境中的人們。

後來，因爲課程關係，遇到憲哥的次數愈來愈多，憲哥在「專業簡報力」之後，鼓勵我參加2016 open mic；在「頂級教材教具設計課」時又鼓勵我參加open mic；在「說出影響力」時再一次鼓勵我參加open mic。這樣的鼓勵就像一顆種子種在我的心上，我開始認眞思考我到底在意什麼？是要討好大家講講國文課堂如何受學生歡迎？還是點出校園一直存在的危機？「翻轉教育」該翻轉的是什麼呢？

我在二〇一六年的TED×Taipei年會上說了兩個校園霸凌的故事，突顯「等待，是最溫柔的對待」關懷特殊生的議題，我是當天二十一位講者中觀眾掌聲持續最久的講者，我感謝每一位鼓掌給我勇氣的觀眾，謝謝憲哥讓我知道行動的力量，謝謝憲哥鼓勵我勇敢說自己的故事，更希望這些感動能化爲行動，讓我們的校園與職場再也沒有霸凌。

你問我「行動的力量」有多大？我的改變就是鐵證。這是一本有溫度的書，熱熱的、暖暖的，心暖了，行動就有力量了。

PART 3

設定目標，勇敢突破

你的改變計畫開始執行了嗎？
只要有行動，就是邁向小成功了。

每個人對成功的定義不同，我認爲，
一件事從頭到尾徹底做完就是成功。
訂下正確且適合自己的目標，勇敢去做，全力衝刺，
我相信，達到目標後的成功感受，
會讓你覺得一切都值得。

加油吧，朋友！憲哥在旁邊揮汗如雨的幫你加油！

序幕

一千個想法，不如一個行動

經過前面的幾項反思，你是不是有一種「也許可以開始改變」的小衝動？

很好，這就對了，當你開始產生念頭，就會開始蓄積動力。

接下來，你只需要付諸行動。

成功的選擇權在自己手上

沒有人能逼你改變，你一定得自己來。

沒有行動，改變永遠只會停留在「想法」，而不會變成「結果」。

別人或許可以提醒你、提供正確的方式、分享成功改變的快樂與成就感；但如果沒有眞正嘗試，你還是原來的你，過著一樣的生活，飽受相同的困擾，日復一日的抱怨。

一千個想法，不如一個行動。

願不願意採取行動去改變，選擇權在你；改變能不能成功，也端看你的選擇。如果，你想要有所不同；如果，你想要有點改變；那麼，就讓我們起身行動吧。只要你的心念起動，開始落實行動，你一定會看得到成果。

以前我太太服務的補習班裡有個工讀生綽號小白，他來聽過我的課，也很常來找我聊天，是個求知欲旺盛的年輕人。

看到小白現在的表現，很難相信他在國中時是放牛班的學生，雖然陸續念了高職和二技，可是心裡似乎從來沒想過自己爲什麼要念書，對未來也沒有很多的想法，只求每天能夠過得去就好。

那時，在他的世界裡，只有「兩打」：打球和打工，雖然沒有特別快樂，也算輕鬆自在。但是，就在他二技畢業的前夕，發生了一件改變他人生的事。

我真的不是讀書的料嗎？

當時，他在考研究所的補習班裡打工，每天都在發ＤＭ、打雜。

有一天，班主任突然問他想不想繼續升學、考研究所，如果想的話，可以到教室旁聽，想要正式上課，學費也可以打折。

他想了想，對這個建議挺心動的，況且只是旁聽又不用花錢；於是，他就找了一門自己比較有興趣的課程去聽。

結果，那天課程中休息的時候，旁邊的同學看到他也來聽課，無意間說了一句：「咦？你怎麼也來上課？工讀生不是在樓下發ＤＭ就好了嗎？」

小白一直不覺得自己是塊讀書的料，從沒想過要往學術領域發展，但這位同學的話，讓他第一次打從心底不服，讀書眞的那麼難嗎？他開始——

認眞的想：「我眞的不會讀書嗎？」

認眞的問：「這樣的人生是我要的嗎？」

忽然從心底升起一股想要改變的念頭：「我想贏過這個同學，我想考上研究所。」

他決定採取行動，正式向班主任報名，開始一系列的補習課程。過程中，難免會有「鄙夷」的目光，也有「恥笑」的言語，但就算只是心頭小小的受傷，他都會告訴自己不要被任何阻礙影響。

因爲：**「沒有經過你的允許，沒有人能讓你感到自卑。」**這句話出自前美國總統夫人埃莉諾・羅斯福，也在小白灰心喪氣的時候發揮了極大的鼓舞力量。

小白最後眞的順利考上研究所，以第一名的成績進入元智大學電機研究所。他感慨的說：「如果當初放棄念書，就不會有機會考上。」

做了，才知道行不行

後來，他考上了博士班，也順利的進入一家科技公司。一陣子後，他想到美國自助旅行，於是主動寫了一封信給在美國的執行長，表示因爲想更加了解公司，希望執行長能讓他到美國時，有機會到總公司參觀。

許多人覺得那位執行長根本不會理他，連我當時都這麼認爲。

可是，小白後來眞的收到回音，不只能到總公司實地參觀，還有高層主管的接待與導覽，甚至在旅行的過程中也得到頗多幫助。

「改變與否，操之在我」，人的意志非常重要，人的決心有相當的能量，人的行動有無堅不摧的威力。

你不想讀書，別人怎麼逼你也沒有用；你不想減肥，別人不給你吃飯你也照樣能找到機會偷吃；你不想戒菸，口袋裡一定有菸，菸沒了一定馬上補貨。但是相反的，你想讀書，沒有人能阻止你閱讀和學習；你想減肥，沒人能把食物硬塞進你嘴裡；你想戒菸，別人請你抽菸你也絕不會伸手。

我們就像站在一個十字路口，要向前行還是向後轉？要向左彎還是向右繞？都只能自己來決定。

要改變當然有方法和策略，也有各種行動的技巧可以加快速度、堅定意志，但是**在改變之初，有一個極重要的行動步驟：你一定要先許下承諾——**

告訴自己：「我要改變。」

告訴別人：「我要改變！」

因爲，一旦你眞的想改變，眞的開始行動，你就再也沒辦法停留在原地。

憲哥邀請你跟著我一起完成改變的歷程，一起體會行動的力量。

01

有目標才有策略，目標不同策略就不同

行動之前需要目標。

有目標就有策略，目標不同策略就不同。

因為有了目標，你才能決定自己的方向，才能開始評估可以如何達成，而後，你才能制定適合的策略，依策略行事。

兒子的游泳比賽

想要成功改變，要先定下目標。

我的大兒子五年級的時候曾經代表學校去參加五十公尺的游泳比賽，當時他才剛開始學游泳沒多久，連換氣都還沒學會。

比賽當天是星期六，但我有工作；一大早要出門前，兒子東摸西蹭地來到我身邊，看著我穿鞋，猶豫了老半天才開口：

「爸爸，你要去哪裡？」

「我要去上課。」

「爸爸，今天我要參加游泳比賽耶，你陪我去好不好？」

我聽了，有點驚訝也有點懊惱，因爲我不知道這件事，我原本以爲，以他的程度還沒到可以參加比賽的水準，今天去也頂多是去池邊幫忙加油而已。

「可是爸爸今天有工作。」畢竟三個月前就排妥的工作，怎麼樣都不可能當天異動的。

「媽媽和弟弟陪你去。等爸爸回來，再帶你去吃大餐，好不好？」

兒子嘟著嘴，表情不太愉快，但是他也只能同意，因爲我眞的非出門不可。

我摸摸兒子的頭，說：「那你要好好游，好好表現喔。爸爸也會努力上課，我們一起加油。」

那天的課程眞的進行得非常順利，也獲得了很好的迴響。不過，我的好心情就在踏進家門的那一刻，按下了暫停鍵。

當時的氣氛很詭譎，一大兩小都坐在沙發上等我，神情未定，我連鞋子都沒脫，就站在門口喊著：

「爸爸今天上課很順利，走吧！我請你們吃大餐，我們去吃牛排！」這個提議很有效，兩個小孩立刻興奮的跑去換鞋，不知是不是我多心，總覺得老婆的表情怪怪的。

我們一起散步到牛排店，老婆牽著小兒子走在前面，我牽著大兒子走在後面。沿路上，我故作輕鬆地問大兒子：「今天游泳比賽成績怎麼樣呢？」

大兒子沒說話，只顧著低著頭往前走。

我只好問走在前頭的小兒子：「哥哥今天游得好不好？」

小兒子看看我，看看哥哥，再看看媽媽，好像想講什麼又不敢說，最後他只說了一句：「唉呀，你不要問我，你問媽咪啦！」之後，就轉過身去了。

目標不同，策略就不同

這下我再怎麼遲頓也感覺得出狀況不對了，幸好，我們已經來到牛排館，一等服務生帶我們坐定位，我立刻打發兩個小孩去挖沙拉吧，再很認眞的問從我回到家就不太理我的老婆：

「今天游泳比賽到底發生什麼事了？」

老婆看著兩個在沙拉吧前開心選食物的孩子身影，凝重的說了一句：「你有關心過嗎？」

我心想不妙，但是既然發現問題了就一定要解決，於是我說：「到底發生了什麼事，請讓我知道。」

這時老婆大概情緒也壓抑到了一個極限，很快地接著說：「好，你要知道我就告訴你。老大今天一下水就嗆到了。」

經過老婆紅著眼眶的描述，我慢慢拼湊出今天早上游泳池邊的景象——

當裁判老師鳴笛槍響，參加比賽的小朋友們一個個都躍入水池中，每個選手都飛也似的游出去，只有我兒子沉下去一秒之後就站了起來。

可是，他並沒有放棄，咳了幾聲之後，調整好蛙鏡又繼續往前游。

只不過，因爲他還沒學會換氣，所以，游沒多遠就得再站起來呼吸，眼看別的選手都開始二十五公尺折返了，他都還沒游到一半。等他終於抵達折返點時，第一名的選手已經游到終點。

媽媽怕他發生危險，跑到池邊說：「不要游了……」但是我兒子仍然堅持地往前游，雖然動作很慢卻還是持續前進。

這個時候，裁判老師竟然宣布比賽結束並開始公布前三名，我老婆氣得跳起來大叫：「還有人在游！」直到此刻，場邊的觀眾才發現我兒子載浮載沉的身影。

媽媽忍不住眼眶泛淚的幫兒子加油。

導師這時也跑到池邊大喊：「加油！」

小兒子也站到位置上大叫：「哥哥加油！」

這時，負責廣播的老師也發現還有一名小選手在努力，於是也透過麥克風說：「讓我們大家一起來幫這位小朋友加油！」

在那短短十幾公尺的距離裡，我兒子在水道裡游著、站起來呼吸，再潛下水游泳；場邊約莫兩百多名的觀眾、各校選手、老師、教練，所有人都站起來幫他加油！

那一刻，所有人都衷心希望這位小選手能順利平安地游到終點。

就在他的手觸碰到池壁的那一刻，導師一把將他從水中抱起，拿著大毛巾將他緊緊抱住（根據我老婆的形容，我兒子當時眼睛和嘴巴緊閉，整個臉都是死白的）。

「哥哥，你好棒！」等到我老婆終於能夠靠近，將兒子擁入懷裡時，她已經滿臉是淚了。

小兒子也連忙抱住媽媽和哥哥大叫：「哥哥你好棒！」

只見我大兒子彷彿此刻才回過神來，看見媽媽的臉終於露出微笑，說：「媽媽，我游完了，妳答應要買給我的PSP，可以買了嗎？」

原來媽媽在賽前有給他這個承諾：「只要你堅持游到終點，就有一台PSP。」他是爲了目標拚命的游。

游泳比賽一結束，他們母子三人就立刻前去買了禮物。當然，是刷我的卡。雖然我一向不贊成小孩太早開始玩電動，但是那台PSP我買得心甘情願。

這段故事讓我深刻的體會到，一個人只要鎖定了目標，就可以產生很大的動力堅持到底。不管是小白的研究所考試，還是我兒子的PSP，都是目標。目標在前，產生拉力，拉著你開始朝著鎖定的方向行動；想要離開現狀的念頭形成推力，推著你開始改變，變得更好。我兒子只要想到游完全程就能得到遊戲機，就會再次閉氣鑽入水中；小白在不小心打瞌睡的時候，只要一想到同學對他的嘲笑，就會立刻醒來、拚命苦讀。

這就是行動造就改變的力量。

現在，就選定一個你想改變的目標，開始一個你想嘗試的改變，體會改變成功的甜美滋味吧！

02

確認目標，訂立行動計劃

當你開始對現狀不滿，期望能夠往上、過更有品質的生活。可是如果這些改變超乎你想像，難免會讓人有一種不知道該從何做起的感覺。不要一開始就告訴自己「不可能」，當你設定好目標、計畫好策略與行動，任何可用的資源都去嘗試看看，那些你以為「不可思議」的幫助，在行動的過程中，都能讓你事半功倍。

目標設定SMART評估

設定目標、決定策略和具體行動是改變成功的三大因素，但如何知道目標是否正確呢?可以用一個簡單的SMART原則，幫助大家在選定目標前做正確的評估。

目標是否正確的ＳＭＡＲＴ評估

Ｓ——Specific，具體且明確的目標。
Ｍ——Measurable，可以衡量的目標。
Ａ——Achievable，可以達成的目標。
Ｒ——Relevant，恰當且有意義的目標。
Ｔ——Timelines，具有時間性的目標。

一位剛出校門的社會新鮮人，企業ＣＥＯ是一個不容易達成的目標，但並不是一個永遠無法達成的目標。只要有充足的時間和完善的計劃，經過具體的行動後，任何目標都是可以達成的。

但是，在設定目標時，最好是設定能夠白紙黑字寫清楚的具體目標，而不要只給自己一個曖昧不明、模稜兩可的方向，以免最後留了許多可以得過且過的藉口。比方說，不要只喊：「我要減肥！」而是清清楚楚的決定「我要在一個月內減少五公斤」，這才是符合ＳＭＡＲＴ的目標宣言。

決定執行方案和行動策略

有了明確可行的目標，接下來就可以開始訂定行動策略，讓自己照表操課，一步一步往目標邁進。那麼，我們可以怎麼做呢？

設定改變行動方案的九大要點

一、在心中觀看改變後的成果。
二、找出每天或每週可以執行與改變相關行動的時間。
三、量化改變的目標。
四、檢視目標和計劃的可行性。
五、把大目標分解成容易處理和達成的小目標。
六、寫下開始和完成的日期。
七、寫下準時改變後的獎勵。
八、確認可能犯下的錯誤。
九、確認可以利用的資源。

假設你的目標是「增進英文能力」，想像這個狀況的最佳成果——與老闆以流暢的英文對話，是設定目標的第一步。

接下來，具體規劃——每天什麼時間學習？每周要花多少時間學習？要用什麼樣的方式來學習？

就以學習語言來說，我那位學日文的前輩是採取家教式一對一教學，我是選擇去補習班，也有很多人是像我的工作夥伴Eva一樣，在看英美發音的影片時，把字幕貼起來專練聽力。要達成目標，絕對不會只有一種方式，而是每個人可以依據自己的目標需求和時間心力去選擇最適合的方法。

我的學員黃清浩在銀行業工作，他在上過我的課以後就決定了幾個自我改變的目標；其中一項就是增強自己的外語能力。

剛開始，他也像我一樣直接去看補習班有沒有適合他的課程，但是時間都不能配合，最後，他決定以自習的方式來進行，選定了一套難易程度符合他需求的英語教材，利用空檔和週休排定了每天、每週、每月的學習計劃，按表操課。

當然，還有各式各樣的學習策略可以選擇；重要的關鍵在於你選擇了適合自己的方案，以及當機立斷的行動。要開始做、持續做，改變才會有效果。

建議大家，不要一開始就把自己逼太緊，把比較大的目標先分解成多項小目標，可將難度降低，也能夠增添達成目標後的成就感。

不管你的目標和計劃是什麼，**設定起點和終點，安排階段性的目標任務，這對於不知道從何改變的人來說很有效**，因爲你可以輕易地檢視自己的想法能不能實行、有沒有成效，也可以發現，眞的要做到改變，並沒有那麼困難。

確認周遭可用資源

有時候我們以爲自己是在孤軍奮戰，但仔細觀察、尋找後，才發現其實有很多資源和機會，等待你去爭取和利用。

我大四的時候，因爲課堂時數少，多了很多課餘時間，決定尋求打工機會。由於從高中起我就很嚮往廣播工作，希望有一天能當上主持人。但是，對一個沒有門路的大學生來說，要一下子就成爲主持人很難，所以我想先尋找相關工作再等機會。

於是，我寫信到台中漢聲廣播電台毛遂自薦，提出我想到電台打工的請求，並表示可以不用工讀費，但是希望能到電台實習，實際接觸相關的工作。

很多人大概會想，我的請求八成會石沉大海，畢竟誰會想請一個不是新聞相關科系，又從來沒有碰過廣播工作的門外漢。

應。

可是，如果沒有寄出那封信我一定沒有機會，但是我寄出了，也因此得到了回應。

電台的主管和我談過之後，我得到了實習的機會，先從整理CD開始。雖然沒有打工費，但是我做得很起勁，對電台裡每一項工作都充滿興趣，不管交辦給我什麼樣的工作，我都幹勁十足地去完成。漸漸的，電台裡的人都認識、了解我，也知道我的興趣和長處。

有一次，有個現場直播棒球的主持缺，執行製作很自然的就想到我，讓我一圓棒球比賽播報員的美夢，這眞的是我始料未及的事。

我記得，當時執行製作問我：「文憲，你要不要試試看？」

「好，我願意試試看。」或許是初生之犢的勇氣，我二話不說就答應了。

我日後總不免要想，**如果我當時遲疑的說「嗯……我回去考慮看看。」那個機會也許就不會是我的，我也不可能知道，我真的能夠順利的播報完一場球賽。**

資源不是沒有，端看你懂不懂得爭取。

03

設定小目標，掌握攀岩哲學

在自我成長與改變的道路上，沿途的山坡或許陡峭、山壁或許濕滑，但只要我們掌握了攀岩哲學，一手抓穩再抓另一邊，頂峰的美景一定會等著我們靠近。

再高深的頂峰，終究可以攻克；再遙遠的旅途，終究可以到達：只要你持續行動，只要你繼續前進。

拆解大目標，更容易達成

你有聽過攀岩理論嗎？

運動員必須在陡峭的山壁上，以手和腳保持平衡。一次只能移動一個部位，動了左手，右手和雙腳不動，等身體重心穩定，再移動右手或另一隻腳。每一次的移動距離不用太遠，多分幾個步驟完成，不管再高遠的山壁都能被征服。

在職涯中，不需要一下子就做很大的變動。變動越大、風險也越大，沒有太大把握的人，還是採取謹愼和安全一點的方法，事情會比較順利。

所以，不管是再大、再棘手的目標，都不用害怕；做好充足準備，一定能達成。在你不知該從何下手的時候，不妨先把大目標拆解成一個個階段性的小目標，以時間換取空間，讓目標量化方便達成。

比方說，你的目標設定爲一年後要通過證照考試，各式各樣的參考書和考古題堆起來厚厚一大疊，好像怎麼看也看不完，一下子就心灰意冷了。這時候，不如先把教材依重要性排序，將考試時間設爲終點，看看還剩下多少時間，把所有教材平均分成許多部分，從重點教材開始評估自己每天必須要花多少時間用功，定時定量地安排好適當的閱讀計畫表；只要每天能確實依計劃去執行，一定能在考試前讀完。

不只是讀書可以這麼做，減肥、運動甚至提升業績等各種目標，都可以用同樣的方式去一點一點完成。這就是化整爲零的行動技巧，當一個又一個小目標被達成，累積起來就會是很明顯的成果。

越難的越先做

那麼，當我們把大目標區分成許多可執行、可達成的小目標以後，該從哪個目標開始呢？

在上時間管理相關的課程時，我很喜歡用「蔬菜原則」來和大家分享時間安排上的小技巧，我覺得這個技巧也可以應用在小目標和行動計畫的設定上。

明明覺得不好吃的，要先吃。

明明知道不好做的，要先做。

比方一個便當裡，不可能只有一種菜，也不可能全部都是自己喜歡吃的菜，有些菜自己不喜歡但是很營養、一定要吃。這時候，我會先選擇不好吃的菜，因爲只要解決了這項，剩下的就很容易吃了。

在工作上也一樣，一天下來，你有好多任務需要完成，你不可能一次把所有工作做完，怎麼樣也要把困難的先完成，之後再依序一件一件地完成。

設定目標與安排行動計畫也是一樣。

當我們靠著毅力與耐力完成了階段性的改變目標後，再給自己一些鼓勵，喘口氣之後，就能繼續帶著成就感，再去挑戰下一個目標。

達成小目標，累積成就感

我有個學生辛西亞，才六十五年次已經是零售百貨業的區經理，她就是位「目標設定達人」。

因爲家庭環境的因素，辛西亞從剛滿十六歲的第一天起就進入便利商店打工，半工半讀完成學業。畢業以後她投入生活美妝百貨零售業，在每一個職涯階段裡，她都不斷爲自己設定一個又一個小目標，而後要求自己一定要在某個期限內一個一個達成。

她的訣竅是：「目標不用設太大，也不用設太遠，這樣每一個目標都可以很快達成，也會很有成就感。」

因此，她能在很短的時間裡就爬升到店長和區主管的職位，也不斷達成公司的要求。

隨著年紀的增長，她發現自己不可能永遠在搬貨、點貨，所以即使成爲重點店面的店長，她仍舊看不到相對比較穩定的未來。也可以說，在原本的工作領域裡，她已經找不到下一個可以積極挑戰的目標。

剛好這時候，一家日本的生活百貨進駐台灣市場，她藉這個機會轉職，同時用一貫的積極與目標設定的工作態度，在門市上嶄露頭角，後來更統籌南區幾家分店的營運。

工作以外，她對自己的人生也同樣採取目標導向：二十九歲結婚、每年生一個孩子、孩子要生三個，這些許多人只是用想的階段性目標，她都一一達成了。連小孩出生的時間，都能在還沒出生前就規畫好一定要在星期六，否則會讓她多請一天假，多讓同事代班一天。

結果，三個小孩都真的全在星期六出生。

在行動的過程中，我們最怕就是做了不知道能得到什麼？會不會白白浪費時間？透過小目標的設定，在每個階段目標前全力衝刺，達到期望結果；讓成就感幫你增強信心，經過短暫休息以後就能繼續往下個目標出發。

04

專業讓你稱職，熱情讓你傑出

當你為了增進核心競爭力，設定目標、努力實踐，達成階段目標後，意味著你拿到了可以在工作上得心應手的通行證。你的核心競爭能力越高，代表你越專業，越能夠稱職地達到別人對你的期待。

樂在工作，就能不斷進步

我大學有位學妹，畢業以後沒有選擇企管方面的工作，而選擇了令許多人都嚇一跳的舞群工作。

專業舞者的生涯雖然能讓她盡情展現舞蹈技巧，但畢竟是襯托紅花的綠葉，有時候表演得汗流浹背，也不見得能得到幾幕鏡頭。而且，舞蹈工作地點遍布全台，有時候爲了趕場，一群舞者得擠在小小的九人座小巴裡，從一個城市流浪到另一個城市，吃喝睡都不正常。

後來，她漸漸對舞群工作開始力不從心，也對不安定的環境起了反感，毅然決定離開舞團去結婚。結了婚，她也開始想自己接下來該怎麼辦？最後發現自己對教育孩子很有興趣，因此決定報考國小的教師學程。

有目標就有策略。她在選定目標後，很快的就排好朝目標前進的計劃，也很順利考上學程取得小學老師的資格。

要讓一個喜歡跑跑跳跳的人靜下來念書，唯一的方法就是把念書這個念頭，變成她唯一的目標，如此一來她就能心無旁鶩地往目標前進。

現在，她已經是一位能夠獨當一面的老師。

在和她閒聊的過程中，我們彼此交流了許多教學技巧，我開始在課程中融入電子琴，帶學員拿自製的加油棒一起熱情吶喊。而她在帶領學生時，也想到可以玩任務賓果和甲蟲運動會等遊戲。最重要的是，我們都發現彼此能夠以轉念的方式，讓自己在工作中保持熱情。

當你樂在工作，就會以自己的核心能力爲中心，不斷地發想更多可能，也樂於嘗試，一旦發現新的方向，會更積極設定目標、勇於爭取，幫助自己改變、適應變革。

有熱情，你會更努力

一名司機，能夠把車開好，平安順利的把乘客送達目的地；一名電話客服人員，能夠把每一通客戶電話處理好，完成工作任務……這都代表職場工作者盡了應盡的責任。

如果你能在專業與稱職之外，多具備一項特質，那麼，你就能獲得另一張通行證，幫助你從一群專業人士中脫穎而出，擁有更高的能見度，取得更多被拔擢的機會。

那就是**熱情**。

當你對你的工作存有熱情，我相信你的表現一定不只是符合期待，而絕對會超出期待。只要你能被關鍵人物看見，就有可能比別人得到更多的機會。

我在電台打工時，因爲一股對廣播工作的熱情，讓我即使沒有工資也願意投入工作；由於我對各項電台工作的好奇，所以只要有機會可以接觸，有任何需要幫忙的地方，我一定義不容辭。也因此，我才能在許多同事的心中留下印象，在緊急事件發生時，我就是一枚可以派得上用場的棋子。

那場球賽報導的機會，是「熱情」爲我爭來的。

我爲了出書的事，經常要到出版社訪談，才去了幾次，負責大樓管理的警衛不但記得我的樣子，有一次還微笑跟我打招呼：「今天這麼早就來了。」他就是一位對工作有熱情的警衛。

警衛大可以只要一臉嚴肅的站在門口就好，站完一天的工作任務，可是他不一樣，他花心力在面對每天眼前過往的人，記住他們的樣貌，微笑打招呼；如果，有任何不軌的人或事出現，相信他一定能夠比其他警衛更快察覺。

我在華信銀行推動「MMA投資管理帳戶」時，剛開始整個專案小組都陷入難關，因爲我們完全找不到突破點，想不透到底有什麼方法可以讓關鍵的客戶聽到我們的聲音。每天，一群專案小組的成員都窩在會議室裡苦思對策，大主管出招要所有人把自己想到的方法丟出來，大家再一起評估進行的可能性。

「送禮物。」送禮物過時了啦，現在客戶都不要禮物，還嫌禮物太爛。

「送回扣。」拜託，業務員又賺不多，哪來現金回扣可送。

「這也不行，那也不行，不然請吃便當好了。」一個年輕的菜鳥被逼急了，隨口就丟出這句話。

太瞎了吧！什麼請吃便當……

咦？請吃便當，這個主意聽起來不錯。

於是所有的人都同意一起試試看，開始積極連絡各大企業的HR，通知只要能聚集十人以上和一個小時的午休時間，聽我們的業務員談節稅和投資理財小祕訣，就能夠免費吃一個便當。

於是有人開始連絡好吃的便當店家、有人積極接洽企業HR，至於我，就是努力鍛鍊口條，在每個客戶可能在埋頭吃便當的時候，在台上連續說上一個小時。那一百四十七場MMA投資理財講座，就是整個專案小組熱情投入的成果。

我們不只達成了專案設定開戶業績，而且還超出許多。

這就是熱情，是一種無法輕易打倒的工作態度。

因為那代表的不是別人對你的要求，而是你對自己的期待。

專業讓你稱職，熱情讓你傑出，有了熱情，你將會展現出百分之一百二十的實力，越是困難的關卡出現，越能夠檢視出你與眾不同的強度。

有了熱情，你就會是下雨天的勇者。

05

許下承諾，以決心戰勝慣性

在你熱情投入行動的過程中，你有兩個最大的敵人，一個是「我沒時間」，一個是「我的個性就是這樣」。有時候，明明「該改變」的警訊已經來到眼前，卻像隻把頭埋入土裡的駝鳥一樣，視而不見；最後，只能坐以待斃，讓自己置身危險之中。

藉口是最大的敵人

不想做的事，永遠沒時間。

「沒時間」只是藉口，表示你一點也不想改變，不成功是理所當然的。

「我的個性就是這樣」當然也是，因為沒有人是天生的，人人都是媽生的！

不能下定決心改變，就把一切的不成功推給老天、推給個性，這樣只會讓你和成功絕緣。總是看著別人享有成功改變的果實，自己卻只能停留在原地懊悔「如果當初如何如何，現在就怎樣怎樣」了。

這些都是人的慣性。

當你習慣了某一種生活模式，就很難一下轉變成另一種狀態。

請注意，是「很難」，而不是「不可能」。

我們要做的，就是去改變，去扭轉這個讓我們覺得困擾的壞習慣，重新建立一個好習慣。

我們之所以會產生改變的念頭，一定是因爲我們開始對現狀感到不滿，或看到別人的優勢，那爲什麼要讓「沒時間」和「我的個性就是這樣」成爲我們的阻礙，讓我們只能停留在「不好」和「劣勢」裡呢？

勇敢的做出承諾

如果你想打破這些慣性，除了要下定決心，還得**勇敢的做出承諾**。

當你正在改變時，沒有承諾，很容易產生「反正沒做又不會怎樣」的苟且心態。

所以，要做出承諾。

承諾可以使改變的力量增幅、變大，特別是親口說出來的承諾。當你讓周遭的人知道你想改變的決心，一定會得到很多的支持，甚至因爲這樣而吸引更多意想不到的資源。

我第一次有想戒菸的念頭，是因爲小兒子從學校帶回來的一張貼紙。

他很興奮的跑到我跟前，說：「爸爸，老師今天問我們家裡有人抽菸的舉手，我一舉手，老師就發貼紙給我。老師說，要把貼紙貼在抽菸的家人看得到的地方。爸爸，我們家只有你抽菸，要貼在你看得到的地方，你要我貼在哪裡？」

我開玩笑的說：「那貼在你頭上好了，我一定看得到。」

小兒子不疑有他，先在自己額頭上貼一張，然後在電腦前也貼一張，冰箱門上也貼一張，總之他想得到任何我看得到的地方，都貼上貼紙。最後他又蹦蹦跳跳地跑回我面前說：「爸爸，老師說抽菸對身體很不好耶，還會害我們抽二手菸，你以後不要抽菸了好不好？」

看著兒子滿頭是汗的臉蛋，我開始想到他今天在課堂上聽完老師說明抽菸有害身體健康之後，要舉手承認自己爸爸有抽菸的心情。

之後，我到一家科技廠商講課，本來課程中場休息時，習慣會到教室外抽菸、和學員聊天，那天突然有一個念頭竄出來：我想戒菸。

當時，一個學員拿了菸出來請我，我想也沒想就拒絕了，我說：「不了，我想戒菸。」

他們一聽到我的理由，全都笑了起來，每個都說「哎呀，戒菸誰不想，可是誰不是一根接著一根抽？」

結果，最後我還是沒有收下那根菸，因爲那是我第一次有那麼強烈想戒菸的念頭，而且說做就要做。

休息時間結束，我開始上課的第一句話，就是把剛才的決定說出來。

「各位同學，我抽菸二十年了，我在今天向大家宣布，我從現在開始戒菸，如果之後有任何人看到我抽菸，只要檢舉我，我就給他一千塊。」

接著當著全班同學的面，把口袋裡的菸揉成一團，宣示我的決心。

現在我已經成功戒菸了好幾年，改掉我二十年以來的壞習慣。

簡單的事情重覆去做，一定會有加乘的效果，國父說：「把一件事從頭到尾做到完就是成功。」我相信，你我都有力量去改變，讓自己越變越好，也一定能戰勝慣性，解除壞習慣對我們的束縛。

現在就「開始做」，不要遲疑，**從不說「沒時間」和「我的個性就這樣」開始！**

06

尋找良師和夥伴並肩前行

剛開始，可能只是一個「不甘心不如人」的念頭。
漸漸的，這個念頭刺激你「想要有所改變」。
你決心行動了，設定好目標也訂定了策略。
你許下了承諾，開啓了改變的第一步；接下來，你可能需要幫忙。
放心，仔細找，一定有人能幫你。

每天晚上七點半的晚餐約會

我在安捷倫工作的時候，雖然英文通過老闆那一關，接下來的考驗就回歸到業務工作本身。

當時，我就曾經被校驗中心的經理提醒：「唉呀！我是不明白公司爲什麼會找一個企管系的人來啦，不過，Lewis，我看你要加油啦，不要什麼都不懂，很快就待不住了。」

我很清楚，我若不盡快了解我的產品，就不可能有機會讓業績成長。所以，英文之後的下一階段目標，就是了解產品了。

我的工作主要是銷售產品校驗服務，性質有一點像產品的售後服務或是機器的保險，也就是說，當客戶買了硬體產品，我要讓他們繼續花錢買每年的產品校驗與維修服務。

由此可知，想要繼續待在安捷倫裡，別的或許可以不懂，但是校驗和維修我絕不能不知道。老闆Frank也明示我要跟這兩個部門保持良好的關係，多學習，儘早上軌道。

我第一個先找那位經常說我的校驗中心經理，很謙虛的向他請教：

「經理，請問您待在這家公司多久了？」

「二十幾年了。」看他挺起胸膛的模樣，自然是非常驕傲。

「嗯，經理，您這麼資深，經驗一定很豐富，不知道經理能不能幫我一個忙？」

「什麼事？」

「因為我才剛來，很多事都不懂，我想請經理教我有關校驗方面要注意的事，這樣我也比較容易讓客戶了解我們的產品服務。」

看到新來的菜鳥這麼「上進」，校驗中心經理開始覺得公司有希望了，連忙說他應該可以試著幫忙……

不等他說更多，我趕緊再說：「經理，請你一定要幫我啦，你晚上幾點下班，不然我們天天一起吃晚飯，我們邊吃邊聊……」

拗不過我的百般請求，我們總算敲定了每天七點下班後，兩人輪流買便當，一邊吃飯一邊跟我聊聊「校驗」這門專業的種種細節。

這樣的晚餐約會，持續了三個月左右，直到我對於產品校驗的相關知識有所基礎。

既然校驗成功搞定，再來就剩下維修部門了。維修中心的經理跟我很聊得來，我就藉著一起聊天的過程中，趁機把從客戶那裡帶回來的維修難題，拿出來跟他討論，雖然過程嘻嘻哈哈，但是專業人士畢竟不一樣，解決問題總是一針見血，他眞的帶著我學到了很多。

所以說貴人眞的處處有，就看你有沒有留心、有沒有付諸行動去積極爭取。

改變行動三要素：決心、環境、指導者

從許許多多不同人的改變經驗中，我歸納出三個很重要的影響要素。

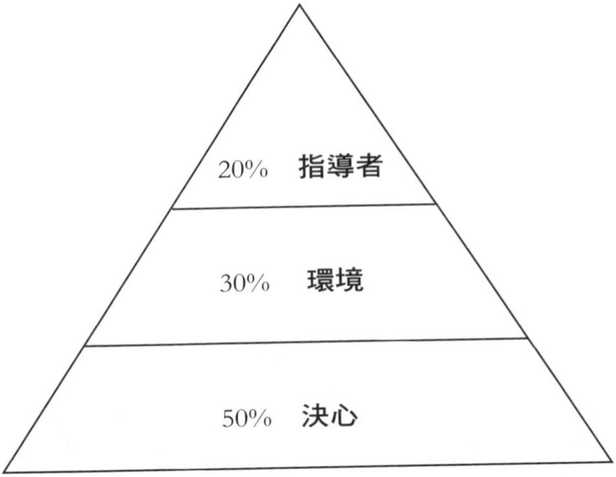

改變成功三要素

首先是百分之五十的決心。

唯有自己想要改變、願意改變，訂下改變的目標、制定改變策略，付諸實行，才能正式啓動改變行動。

假如，你不知道該怎麼做，這時候建議尋找一位指導者。

這個指導者可以是能夠直接給予你行動指示的人，可能是你的老闆或是你的主管；也可以是你想要成爲的目標。例如那位校驗中心的經理。你可以從他們的經驗中去檢視自己缺少什麼，有哪些部分需要加強。

這些指導者所帶來的影響力，占了百分之

二十。

另外的百分之三十，是周遭的環境。

千萬不要輕忽同儕的影響力。一個成績普通的孩子，進入一個讀書風氣很興盛的環境，最後也一定會跟著愛上閱讀。相反的，一個單純的孩子，因為經常跟抽菸打架的朋友在一起，最後也一定會抽菸和打架。

如果你想減肥，周邊剛好都是身材苗條的朋友，他們吃健康的食物、每天固定運動，同時積極的邀請你和他們一起健身。我想，你一定能夠成功，即使不能很快和你的朋友一樣苗條，也會從每天的生活中，跟他們一起建立良好的飲食運動習慣，最後肥胖必定會離你遠去。

如果以參加棒球比賽來形容的話，好的指導者就像教練，他可以為你量身計劃各種訓練內容，幫助你優化長處、強化弱點；至於好的環境就像擁有默契十足的同隊球員，大家一同為了贏球這個目標而努力，同時，觀眾席上為你們加油的無數觀眾們，更是激勵你們不斷得分衝刺的強大動力。這也說明了主場優勢為什麼能夠讓球隊的表現更加優異。

當然，如果你自己從來沒有努力過，既不練球也不增強自己的體力和球技，那麼，就算有再強的知名教練陪伴也絕對無法獲勝，更別說連主場觀眾都會離你而去。

所以，不管你想進行什麼樣的改變，確定自己的計畫準備要開始行動之後（決心），先選定一位成功者當作偶像（指導者），參考他的做法與經驗，學習他克服難關的意志與方法；接著再邀請週遭的人和你一起改變，或者讓自己投身在一個正在進行此項改變的團體之中（環境），如此，行動會更有熱情也更有衝勁，改變也更容易成功。

當你想改變，全世界都會來幫你

我戒菸初期，真的很難熬，親友知道我要戒菸，多半會提醒我。有時候，不知情的人遞菸給我時，還是會偶而有想抽的慾望。

有次不小心帶回家，小兒子看到了，就立刻跑過來說：「爸爸你說你不抽菸的喔！」

這時，我想起他之前天真的把貼紙貼在額頭上，問我說：「這戒菸貼紙要貼在哪比較好？」

我說：「貼在爸爸頭上好了。」

他接著說：「應該是要貼我頭上，這樣爸爸才看得到呀？」

每當想起這個畫面，我就會把快要放進口中的菸放下。天使獲得全然的勝利，那包菸最後被扔進垃圾筒裡。

或許，戒菸讓我少了一些會抽菸的朋友，但眞正的朋友都很支持我這個行動；甚至，被我成功的經驗激勵，也開始遠離癮君子的生活。

人是一種會在乎別人看法的動物，換句話說，一般人答應別人比答應自己還來得容易。

和人約好三點碰面，你一定會想辦法準時到達會面的地點，就算知道必定遲到也要前往會面。但是，如果你是和自己約定，很可能會得過且過的安慰自己不如明天再說。

所以，當你把改變的決心說出來，同時也把改變的計劃讓親友知道，就等於你針對這件事情對親友許下承諾。

不只你內心有所警惕，不想違背他們對你的信賴；即使你想怠惰，他們也可以提醒你；如果他們擁有資源，甚至可能主動來幫助你。

勇敢走上改變的道路吧，說不定不用多遠，你就在路邊發現了貴人。

07

彎道加速，準備起飛

運動場上的跑道有直線也有彎道，大家在彎道時速度會習慣性的變慢，等到直線的時候才會全力衝刺。在比賽時，轉彎處的速度往往是拉開距離的重要關鍵。

真正強的選手，在彎道時的速度並沒有完全放慢；能夠迎頭趕上、後來居上的選手，更是會利用彎道時加速的方式拉開與其他選手的距離。彎道加速是真正勇者勝出前的重要關鍵：能夠在彎道不減速、甚至加速的人，才是這場比賽的最後贏家。

彎道更要加速

還記得前面提到下雨天去拜訪，一定有紅茶喝的那家公司嗎？

我跟那家公司合作了好幾年，其中二〇〇一年和二〇〇三年的合約都是在下雨天完成的（儀器維修與校驗的合約是兩年，所以兩年一到就要重新簽約），又一次證明了下雨天眞的是勇者的天下！

後來，我跟負責合作的窗口熟悉了以後，有個機會剛好讓我請教他：

「您爲什麼會決定跟安捷倫做生意？」

他當時跟我說了三個答案，我到現在都還印象深刻。

「第一，安捷倫的校正與維修專業服務做得最好。第二，對應的窗口不管是你還是服務中心的人員，都會迅速回應。第三，我覺得你很積極，因爲你連下雨天也來，每次看你來的時候西裝都被雨淋濕了，覺得你眞的很辛苦，不把訂單給你都不好意思了。」

我這才知道，原來我得以在看似直行的路上勝出，是因爲我從彎道就開始加速了。

事實證明，越是在大環境不好的時候，願意以正面思考、以積極態度面對挑戰，在局勢困頓的時候仍然熱情依舊、不斷強化專業能力，那些願意改變自己且迎向挑戰的人，正是在彎道加速準備在直線勝出且大幅領先的人。

改變的結果或許不是一蹴可幾，但不改變的結果一定不好。

你需要不斷評估自己和環境的狀況，而後勇敢提出因應做法。省思過去在工作中的「我」，省思過去在人生中的「我」，檢查自己是不是依然朝向預設目標前進？

有沒有走錯路？

有沒有多繞路？

目標需不需要改變？

做法需不需要調整？

這些都是我們需要不斷自問的問題，也是我們應該不斷尋找的答案。

原地踏步，就是後退

我記得剛開始擔任講師的時候，因爲名氣不大，人脈還不夠寬廣，資源也還不夠豐富，所以我同時跟很多家企管顧問公司合作。當時，每一家顧問公司都會幫我印製講師名片，方便各公司的ＨＲ認識我。

可是，只有其中一家顧問公司的課程都上過很多次了，卻還是一直遲遲沒幫我印名片，儘管我一再提醒，總是得到一句「有，已經在處理了。」但始終沒有。

後來，只要遇到HR或課程學員想跟我交換名片的時候，我就只好拿自己個人的名片。沒想到，很多企業乾脆不透過那家顧問公司找我，而直接跟我接洽。

這對企管顧問公司來說當然是損失，但是，追根究柢是他們自己遲遲不行動才造成的。

在彎道來臨時，減緩速度已經是一種危機，隨時有被超越領先的危險；站著不動或是原地踏步，就等於是後退。在別人不斷前進的時候，你不前進，就只能看著別人超越過你。

我可以，你也可以

只要開始行動，改變就會成眞

朱爲民（2016 TED×Taipei講者、臺中榮總嘉義分院家醫科醫師）

如果現在的我，乘坐時光機回到一年前跟那時的我說：「你會成爲2016 TED×Taipei的講者。」一年前的我一定會回答：「你神經病。」站在台上說話，一直是我從小的罩門。

從上小學開始，我就是屬於那種「台下一條龍，台上一條蟲」的那種，在台下和同學聊天，和老師應對，都沒問題。但只要一被點到要上台，腦中瞬間一片空白，雙腳發軟、全身出汗，心跳加速到好像有一個非常恐怖的事情要發生一樣。想當然爾，上了台結結巴巴不說，自己講出來的句子連自己也聽不懂。

印象最深刻的一次，是在一九九五年，那年我十二歲，小學六年級。因爲我身高很高，成績又很好，所以很理所當然的，我被老師選爲升旗典禮時的大隊指揮。

現在的小朋友不知還是不是像我們以前一樣？那個年代，升旗典禮前，就好像軍隊集訓一樣，每個班級排成四列入場，雙手要擺動，腳步要對齊，還必須跟上喇叭大聲播放的吵雜進行曲的節拍。而大隊指揮的工作，就是要站在台前，面對台下所有的小朋友，用麥克風大喊著「一、一、一二一，一、一、一二一！」幫助小朋友把腳步對齊。

現在回想起來，一個國小六年級的學童站在台上大喊的畫面，自己都覺得很好笑。可是當時我多麼重視這個工作啊，緊張極了！正式上場的前一天，還在家裡的客廳裡，想像著自己站在人聲鼎沸的現場，練了好幾遍。

只是，初登場的第一天，就失敗了。站上大舞台的那一刻，我依然腦中一片空白，雙腳發軟、全身出汗，心跳加速，不知道該怎麼辦才好。導師在台下很爲我緊張，不停比著催促的手勢，於是我怯懦地對著麥克風說出：「一、一、一二一，一、一、一二一……」才說完不到五秒鐘，訓導主任就衝上台罵我：「你在幹什麼！節拍完全不對啊！」後來，他就接替指揮了。而我的腦中，還是一片空白。

我記得，我那時一陣鼻酸。

到了國中和高中，我分別加入了國樂社以及漫畫研究社，在彈琵琶和畫漫畫的時候，我無需一個人站在舞台上，接受觀眾眼光的審視，那使我放心許多。只是，心裡總是隱隱羨慕著，那些演辯社的同學，說話流利、口若懸河，彷彿隨時隨地都可以站到台上發表長篇大論，或是跟他校同學辯論「台灣應不應該興建高速鐵路」等等充滿意義的話題，都讓我心馳神往。但我知道，自己不是那塊料。

時光飛逝，成爲醫師之後，儘管臨床工作忙碌，心中還是有一個微弱的聲音不停告訴我：「我希望學會上台說話的技巧，把自己心中的話說出來。」

我想要改變。

於是，二〇一六年春天，我報名了憲哥的「說出影響力」課程，從中學會了非常多說話以及講故事的技巧與方法。憲哥讓我們知道，會演講並不是天生的，而是要靠著不斷的練習才能有進步。同時，在課程當中，認識了非常多好朋友，都共同地爲了讓自己的說話變得更好而一起努力。而對我更重要的是，憲哥給我這個後生晚輩滿滿的肯定與支持。正因如此，也讓我對自己有了信心，開始覺得自己也可以透過麥克風和信念影響他人，也因此才有後續TED×Taipei的上台機會。

但是回頭來看這一切，最初的觸發（Trigger）究竟是什麼？

後來我明白了，那是在二〇一五年十二月二十三日，一個週三的晚上，我北上參加了憲哥的生日演講，講題就是「明年的你，不會變得更好，除非練習改變」。

那時候的我面臨一個職涯上的低潮與自省，常常想著，要怎麼樣改變才能更好？在FB看到這個活動，雖然不認識憲哥，但想著：「去聽聽名人講改變，也沒什麼損失。」於是，那天下班之後，一個人急急忙忙趕到台中高鐵站，搭車北上。

到了演講會場，好熱鬧，彷彿大家都互相認識，彼此熱情地聊天、拍照。只有我，一個人也不認識，我靜靜地找了一個靠後邊的座位，坐下來，憲哥開始演講。我想那應該是這輩子聽過印象最深刻的演講了。演講結束，大家留下了一張大合照後，仍然是嘻嘻哈哈地聊天、拍照。我在場沒有什麼朋友，默默地離開，回到台中。在高鐵的路上，內心非常悸動，心中的某根弦被觸動了。那一個晚上，就是Trigger。

前幾天，找出當時拍的那張大合照，驚訝的發現，怎麼好多的臉孔我現在都認識了！原來因爲那個夜晚，因爲自己的行動與改變，在這幾個月裡結交了好多來自社會不同領域的新朋友，他們帶給我的啓發，遠遠超出我的想像。正因爲有他們的刺激，所以自我的改變會更巨大。

如果現在的我，乘坐時光機回到一年前，我想跟那時的我說：「只要開始行動，改變就會成眞。」

各位朋友，翻開這本書，也許你也會找到你的Trigger，帶來人生的行動與改變。

PART 4

全力以赴，堅持到底

在改變的過程中，你有想過要放棄嗎？

放棄比堅持更簡單。

你只要說：「我不想改變了」，比賽就結束了，沒有人會記得你是誰，

你又回到以前那個連自己都不太喜歡的你。

吃過茶葉蛋嗎？

茶葉蛋一定都有裂縫吧？

裂縫會讓味道滲入，這個蛋才會香。

人生就像茶葉蛋，雖不盡完美，卻都有裂縫。

在改變的過程中，難免遇到挫折，好好體會並享受挫折，

烹煮出屬於你自己最美味的茶葉蛋吧！

序幕

想要打中球，就要不停揮棒

有些人說，他們依著我的方法去嘗試改變壞習慣，最後也真的成功了，但是之後，卻又很容易重蹈覆轍。

或者，有些人會問我，為什麼目標會那麼難達成？好像永遠做不到似的，讓他們忍不住氣餒了。我相信，這些問題不只我的學員，應該很多人都曾經遇到過。

不揮棒永遠無法得分

每一次擊球，都是一次測試，如果投手投球你沒揮棒，只有三種可能：

1. 三振。
2. 四壞球保送。
3. 被球打到。

所以如果你動都沒動，最好的結果是安全上一壘，絕對不可能揮出全壘打。

想要打中球，就要不停的揮棒。

如果你揮棒了，就有得分的機會，就有機會成爲全壘打王。所以在改變的過程，必須要有行動，光「心想」不能「事成」，必須要「行動」才能看到結果。

擊出全壘打，下一局還要繼續揮棒

當我們踏出改變行動的第一步——開始做，並不代表從此就高枕無憂了。唯有「持續做」，才能眞正帶領我們獲得成功。

改變是一項需要持續進行的行動，當你發現自己有所怠惰，進展變得緩慢，可能是因爲：戒菸三個月後，發現朋友變少了；因爲客戶慫恿，意志不堅地小抽一根……

同樣的，學英文不可能是用功一天、讀完一本教材就足夠；體重成功減到理想體重以後，只要再度放縱食慾、鬆懈運動，減掉的每一克肥肉很快就會再回來找你。

所以，無論如何，你都一定還是要繼續堅持下去，讓自己維持在正向的改變方向上，持續行動。

心想事成的行動密碼：21

經過調查，一隻母雞要孵出好蛋，必須要孵上21天；而人要把一項行爲變成習慣，也需要花上21天。

21天可以養成一個好習慣，同樣也能養成一個壞習慣。

我們要做的，就是去改變，去扭轉原本讓我們覺得困擾的壞習慣，重新建立一個好習慣。

持續21天的行動，堅持下去，行爲的改變就能產生效果；因爲當你養成習慣以後，你會發現「持續行動」這件事已經變得比較容易了。

我的朋友歐吉桑覺得自己和家人相處的時間太少，他決定以質制量，從增加家人情感開始改變。他每天下班回到家的第一件事就是先給老婆一個擁抱，剛開始兩個人都有點彆扭、有點尷尬，但是習慣後，哪天回家忘了抱，兩個人都會覺得怪怪的。

所以，如果你發現自己的改變失敗了，或是很久都看不到成果，不要灰心，重新進行一次改變的行動，也許，這一次你將會更熟悉過程中的小訣竅，也許這一次你將能避開那些阻礙你改變的因素，幫助你成功達陣。

將改變時的進步當做再一次重新出發的起點，以終爲始，簡單的事重複去做，滴水穿石之後，你一定看得到心想事成的結果。

01

遇到挫折也不要停下來

夢想跟球賽一樣，不是在結束的時候結束，而是在放棄的時候結束。在追求自我改變與實現夢想的行動中，挫折是在所難免的，也很可能遭到失敗；可是，越是在這樣的時候，你越不能放棄。因為，一旦放棄的那一刻，比賽就已經結束了。

北京奧運會外資格賽

二○○八年北京奧運棒球資格賽在台灣舉行，台灣對加拿大，是賽程中最重要的一場，我早就買好了門票要進球場幫中華隊加油。

球賽非常精采。雖然最後中華隊以五比六落敗，但是比賽過程中一波又一波地你來我往、相互拚搏的精采戰況，讓我至今仍深深難忘。

當時賽程安排在台灣球場的球隊有八個國家代表隊，只有三隊能夠順利叩關、爭取前往北京奧運的門票，不管哪一隊都是勁敵。中華隊勢在必得，沒有退路。

球賽一開始，由中華隊保持領先，但是中場漸漸被加拿大隊追平，甚至逆轉落後，直到羅國輝一記三分砲，才扳平比數五比五，雙方平手延長賽到第十局，最後加拿大成功奪下一分，比賽才宣告結束。當時整個球場都沸騰了，所有的觀眾都深深覺得中華隊其實沒有輸，因爲大家都拚盡了全力，一直堅持到最後一刻。

或許是因爲前一天比賽留下的遺憾，第二天中華隊一開場就士氣如虹，輕鬆以三比〇完封澳洲隊，成功取得參加北京奧運的資格。

得亦非得，失亦非失，眼前的失敗不見得是失敗，下一場又是全新的挑戰，只要盡全力，一定有獲勝的機會。中華隊的目標是取得資格，或許在過程之中有所挫折，但就結果論而言，這個行動是成功的。

如果中華隊在二比五、三分落敗的情況下就覺得這場比賽沒希望了，乾脆全員放棄、派二軍上場，誰知道最後比數會不會是十五比五這種難看的慘敗分數？

同樣的，在北京奧運的跆拳道擂台上，蘇麗文儘管左膝受傷，仍然一路闖關至銅牌戰，每一回合的比賽，她一次次的跌倒，卻仍一次又一次勇敢站起，直到比賽結束。在過程中，因爲腳傷實在太嚴重，包含她的教練在內都勸她放棄，但蘇麗文卻仍然堅持上場。她那股堅持到底、永不放棄的熱血精神，感動了每一個人的心，獲得了比金牌更熱烈的掌聲。

挫折不是世界末日

人生不會只有一場比賽，就算失敗了，只要你重新整備，下一場還是可以重新再來。

挫折和失敗都不是世界末日，也不代表你再無重新崛起的機會；重要的是，你有沒有再接再厲、鍥而不捨的精神。只要你願意繼續努力，度過低谷，下一步就是往上爬升。

就在我下定決心，以企業內訓講師爲業時的第一次正式上課日，就出了狀況。當時，我很早就準備好課程講義，交給企管顧問公司去印製，並且交代一定要前一天就送達，這樣才趕得上第二天一大早的課。

結果，不知道過程中哪裡出了錯，明明該送到天母東路的講義，硬是被送到天母西路去也沒人發現，結果第二天上課所有人都沒有講義，補印又來不及，而我只能想盡辦法獨撐三個小時。

或許有人會說這是一種徵兆，大概是老天爺勸我盡早改行；但是我卻不這麼想，我覺得第一關最難，只要跨過第一關，以後就沒問題。直到今日，我上過數千堂課，過程中當然會有層出不窮的問題發生，像是音響沒聲音、電路不通等等，可是我都能秉持初衷，繼續堅持下去。

正面思考，化阻力為助力

假設你設定自己一個月內要減肥十公斤，結果如實執行控制飲食和每日運動的減肥計劃之後，卻只減了八公斤。表示你沒能達成預期目標。

你準備開始灰心喪氣了嗎？你覺得過去一整個月的心力都白費了嗎？你認爲你的減肥計劃沒有效果嗎？如果你這樣想，你就大錯特錯了。

雖然你沒有順利減肥十公斤，但是別忘了，你其實已經減掉了八公斤！

或許你的減肥方法就是「一個月減八公斤」的做法；也許你再多努力個幾天，你就能夠達成「減肥十公斤」的理想；凡走過必留下痕跡，你當然可以爲你的預期目標沒達成而難過，但是你絕對不可以否定你自己的努力成果。

不滿意，先接受，再重頭開始。換個角度想，能夠一個月如實的完成自己的行動計劃，其實也是一種成就。

在服務業工作的朋友，一定知道調店是司空見慣、不足爲奇的事，不管從甲店調乙店，從南調北，從國內派海外，什麼狀況都可能發生，也都沒什麼了不起。一般公司企業裡，調部門、調單位也是常有的事。

可是，人就是這樣，在舒適圈待久了，日子過得太舒服，就很不喜歡變動。每次調動的機會出現，人人避之危恐不及，被選上的則彷彿世界末日。

有這個必要嗎？我倒覺得，手上工作做得越順手的人，越應該主動爭取變動，獲得更多不同的經驗，多一種經驗就是多一張保命單。

想想看，公司把你從北部的分店調到南部的分店去當店長，熟悉了南北不同的商圈模式，日後如果有需要南北統籌的升遷機會，你不就比其他單純只有北部經驗或南部經驗的店長，多了更多可以嶄露頭角的機會？

拒絕負面想法，以正面思考來看待結果，化阻力爲助力，你會發現，你還是保持在前進的道路上。

02

別害怕失敗，重新來過沒關係

成功不一定只有一種樣貌，別人的成功，不一定你非得照做。把一個行動計劃從頭到尾好好完成，其實也是一種成功。就算失敗了，又怎樣？至少，你曾經努力過了，而且過程中的每個經驗也一定讓你有所覺悟；只要下一次不要再犯相同的錯誤，重新來過又是一條好漢。

失敗是成功的墊腳石

當改變的行動開始進行，只要堅持到終點，你一定能夠得到一個結果。跑完操場一圈，你花了多少時間；參加語言能力檢定考試，考完了，你得到幾分；你的店開張，一個月下來達成多少業績，這些都會是很明確的結果。

不論成功或失敗，都是一翻兩瞪眼的事。讓你無從逃避。

即使如此，就算沒有一百分，五十分還是勝過零分，九十分還是比五十分強，不是嗎？

可是，如果你因爲沒有達成預期目標和滿意的結果就不再嘗試，那你會變成眞正的失敗者。畢竟沒有嘗試和行動的勇氣，成功永遠遙不可及。

然而，一旦你將過往失敗的經驗當成下一次行動的基礎，在新的行動裡，你將能避開過往的失誤，減少更多犯錯的機會，也省下很多繞路的時間。

一百次失敗，**你卻仍然再次嘗試，誰能說你不可能在第一百零一次成功？**

依我說，目標沒達成沒關係，檢討過後重頭再來過。讓自己一次又一次拉近與理想目標之間的距離，理想目標就不會再遙遠。

我的第一筆房仲委託單

人在越年輕的時候遇上失敗與挫折，有時候反而是件好事。

剛從科技業的採購轉職到房仲業，雖然「追求更高的收入」這個目標一直很堅定也很明確，但是新入門的菜鳥要面對很嚴苛的考驗。

當時信義房屋要求新進人員要從開發賣方客戶開始，光是要度過試用期，就有明訂的門檻——開發五筆賣屋訂單。

我這個初踏入房仲業的菜鳥，既沒家世又沒背景、沒有經驗也沒有人脈，不要說是五筆了，一兩個禮拜下來，連一筆都沒有著落。也就是根本沒人會想要找你賣房子。

那時候店長和前輩們告訴我一個方式，就是每天打電話問有沒有人要賣房子，亂槍打鳥自然是很沒保障，有時候打了幾十通電話都沒人理我。原來業務工作這麼困難。

心裡眞是越來越慌，不知不覺就浮起「放棄」的念頭，覺得自己又做錯了決定，是不是再回去找和企管相關的內勤工作算了。

其實，我偷偷遞過履歷，也得到了面試機會，也眞的去面試了。大家可想而知，我當時距離「失敗」和「認輸」只剩一步而已。

可是，在面試當天，面試官看了我的履歷經驗後，喃喃的說了一句：「年輕人，行業換來換去，很難成功啊！」

這句話對我猶如當頭棒喝。對啊！怎麼能再走回頭路呢？我不是下定決心要挑戰自我了嗎？

於是我乖乖回到工作崗位上，開始認眞思考我可以怎麼做去突破業績抱蛋的困境。

信義房屋對新進人員有一個很好的訓練，就是要求業務員在開發新的銷售區域時，必須一步一腳印去走遍區域裡的每一條巷道，把每一條路上的房屋、公園、商家等實地狀況，依比例縮小繪製成地圖。這個訓練的目的是要求業務人員必須深入了解自己所負責的區域，哪個地段的優缺點全都了然於心。

有時候，在路上看到有人貼了紅紙要賣房子，或是已有委託仲介賣屋，就趕緊記下來，回到辦公室立刻打電話假裝客人去詢價；起初沒經驗，一遭對方識破就嚇得把電話掛斷，什麼線索也沒問到。漸漸的，也慢慢掌握了許多工作上的技巧，心裡才踏實許多。

第一筆委託單就是在這樣每天苦拚不懈的情況下得來的。那間房子原本已經委託別的仲介業者銷售，但很久都沒能成交；於是我一開始採取密切關注的做法，不管是電話關心，還是親自登門拜訪，總之三天兩頭就和客戶打個招呼、碰個面，還幫客戶找出房子的優缺點分析，讓客戶對我的專業有信心。最後花了好一陣子，才成功說服客戶同意讓我幫他賣房子。

拿到第一筆委託訂單，心裡那股開心，眞是難以形容，感動得想哭。

原來我也能做到，原來我也可以讓努力有好的結果；內心對自我不再是貶抑和懷疑，而是有自信可以往下個階段邁進。

如果我在那一次內勤工作的面試裡，選擇放棄當業務員；如果我在面試結束之後，沒有重回工作崗位，努力尋找方法去突破困境，同時全力以赴，我不會得到那筆委託，也不可能發現原來我可以在業務領域中發光發熱。

在業務員之間流傳過這麼一個腦筋急轉彎。

你知道岳飛是被誰殺死的嗎？

「勤快」（秦儈），只要你夠勤快，連發十二道金牌還不肯罷休，就算是岳飛這等強敵都會敗在你的手下。

03

不聽魔鬼的聲音，堅持依自心前進

在你行動的過程中，有時候你會想聽聽別人的意見，看看自己的選擇對不對、表現好不好。這個狀況無可厚非，畢竟能夠得到別人的肯定和讚賞，心裡聽起來也舒服高興。

可是，我們不能控制別人想說什麼、想怎麼說，如果魔鬼趁機躲在其中想打擊我們、想唱衰我們，該怎麼辦？

我的建議是，先關上耳朵，仔細聆聽自我內心的聲音。

做自己生命的主人

不管在哪個職場領域工作，我時常透過和客戶之間的互動來了解自己的長處和缺失，同時從中獲得成長的養分。比方說，從事業務工作時，客戶的需求和感受，往往會成爲我提供服務時的重要方針。而擔任講師在上課的時候，我也會很留意學生的反應，看看我的教法他們是否聽得懂、能接受，需不需要加入其他的教學資源。

就好像在學校裡每年都有教師評鑑一樣，每堂課程結束時，企管顧問公司也都會要求學員塡寫滿意度問卷。剛入行時，我對這份問卷的結果眞的非常在意，常常課程一結束就站在教室門口微笑和學員互道再見，其實是想藉此偷瞄學生是否有勾「非常滿意」。

假使不小心讓我瞄到有人勾了「非常不滿意」，當下就會覺得很挫折，恨不得立刻把他抓回來問清楚，問問他對今天的課程到底哪裡不滿意。

這讓我覺得很累，內心壓力也很大，因爲學生的一言一行、一舉一動，都會影響我當天的心情，甚至害怕下一次課程學生還是無法滿意。

可是，漸漸的，我改變了想法，也調整了自己的心態。

爲什麼我要讓別人來決定我的成就呢？

我才是這個領域裡的達人，我的課上得好不好，自己不知道嗎？學生在課堂上的表現我看不出來嗎？

後來，我還是一樣追求客戶的滿意度，也重視學員們給我的意見；但是我同時也是自己的主人，是我要幫自己打分數，而不是把工作績效交由學生來承擔。

所以，現在每天課程結束後，除了固定上網更新部落格之外，最重要的就是把我每一天的課程心得以很簡短的方式記錄下來，如果有需要修正的地方，就立刻進行調整與改變，在下一堂課來臨之前做好準備。

一個人越了解自己，越能夠順利找到最有用的方法。

你是動物？還是團長？

當行動失敗，很多人會把原因歸究於他人。

「都是朋友愛聚餐，才會害我沒減肥反而吃胖兩公斤。」

「都是經理愛應酬，害我又破戒喝了酒。」

「誰叫老婆不叫我起床，害我今天不只沒去慢跑，上班還差點遲到。」

千錯萬錯都是別人的錯，這是很不負責任的做法，也是無法成功的因素之一。因爲我們把責任推到別人身上，好減輕自己的罪惡感，也爲自己找更多藉口不行動。既然不努力，肯定不會成功。

當然也有一種狀況是，你週遭隱匿著許多魔鬼，總是在你下定決心的那一刻，把你拉離行動的道路。

例如，你準備早上把企劃書寫完，結果做到一半，電話響起，櫃台總機通知我一位供應商來拜訪。可是這位供應商是臨時前來，並沒有跟你約好；你心想人都來了，總不好意思趕他走，可是你答應跟他碰面，不只原本的工作被中斷，還被他占用了許多時間。

以馬戲團來舉例，那個供應商是團長，你是動物；他叫你去出來會面，你就答應，讓你放下自己原本的工作馬上去做，所以他是發號司令的團長，而你是乖乖聽話的動物。

在行動的過程中，決定目標以後，就應該依照行動計畫與策略，全力往目標前進。如果你在半途一直停下來，被一些旁雜瑣事干擾，就算你不想當半途而廢的兔子，也一定只能眼睜睜看著步伐踏實的烏龜抵達終點。

很多人戒菸失敗是因爲身邊誘惑太多，在你戒菸的期間，朋友要你抽一根菸，你可能會嚴辭拒絕，如果誘惑你行動破功的對象是老闆或客戶，我想很多人就會放棄抵抗。

像我持續三個月不抽菸的成果以後，對於菸癮的抵抗力已經相當高。可是，在持續不抽菸的過程中，有一次還是破功了。

當時我到上海去上課，和客戶朋友一起去KTV，結果在那個菸酒瀰漫的環境裡，有人遞菸給我，我抽了第一口菸，接著又抽了好幾根。當天晚上回到飯店房間，內心充滿罪惡感。

後來我覺察到是因爲那樣的場所，讓我容易意志動搖，就決定開始慢慢避開那一類型的約會。

所以，我們要把力量拿回來，要把主導權拿回來，要自己當團長，不要傻傻的當動物。你做任何事是來自自己的判斷和決擇，不是人家叫你做你才做，也不是人家叫你別做你就不做。我們應該選擇自己樂於負責的決定。

既然決心改變，就堅持計劃去行動吧，其他的，不妨稍後再說。

失敗可能是因為行動目標並非本意

不可諱言的，每一次的改變不一定都會帶來好的成果，有時候雖然行動了，但結果並不如人意，或變得不好；有時候，目標和方向雖然都是好的，但卻失敗了。

假設，因爲待在吸菸的環境裡，你本來不抽菸變成染上抽菸的惡習；你希望考上第一志願，可是在拚命努力用功苦讀之後，只考取了後面的志願，沒有達成原本預期的目標。

行動沒有成功，那種失敗的感受，往往會令人感到挫敗，甚至對改變灰心；但是，有時候我們應該去思考，**或許並不是改變失敗，而是我們一開始就不該把目標訂得太高**。如果我們能夠深入的了解自己，量力而爲，那我們定下的目標就會更適合我們，也不會太常在挫折與失敗中浪費時間了。

行動失敗比較明顯的兩個原因是：「目標太大」和「沒有策略」。

這兩個原因，只要知道問題所在，就能找到解決方案。目標太大，就修正目標、拆解成小目標，階段性完成。沒有策略就多問多做功課，一定可以找到眞正適合自己的方法。

然而，只要有一個最核心的問題沒有解決，那麼，不論目標設定多正確、方法策略多切合，行動的結果終究還是會失敗。或者說，就算你達成了目標，也不會覺得開心快樂。

這個核心問題就是**「你眞正想要得到這個改變的結果嗎？」**假使行動目標並非你內心眞正想要的結果，行動一定失敗，甚至可能在成功之前的每一刻，你都在努力找藉口和理由，好讓自己放棄。

「我考醫學院是因爲我爸要我當醫生。」其實比較想當畫家。

「大家都玩股票，我也來玩玩看。」結果根本連K線圖都懶得去了解。

「同事都在準備考證照，我好像也得去考一張才行。」隨便考一張，這樣好嗎？親愛的朋友，**改變不能趕流行**，如果你只是別人做你也跟著做，遇上了困難你會很快在心裡產生一股疑惑：納悶自己這麼辛苦到底是爲了什麼？

興趣是一個很重要的因素，做自己有興趣、喜歡做的事情，做起來特別起勁、也不太會喊累，就算累也開心。

興趣會產生熱情，熱情會帶來動力。

所以，我認爲要讓改變成功，要能堅定意志往目標前進，只有四句成功心法：

「想要」、「我要」、「一定要」、「絕對要」。

有了堅定無比的信心，和「絕對要」達成的目標，我們在行動就能更加積極、也更不肯放棄，成功最後一定會到手。

「想要」是一個起步，讓你思考或許能夠得到的改變結果。

「我要」是一個承諾，你已經決定自己要改變，也已經設定好終極目標。

「一定要」是一個計劃，把大目標分解成一個個小目標，一定要讓自己爬向頂峰，即使一次只能動一步，都勢在必得。

「絕對要」是一個行動，是一個持續朝向目標前進的旅程。

當你的心有了「絕對要」的覺悟，前方的任何阻礙都將不足爲懼。不論過程中有多少失敗，都只是幫助你繼續邁向成功的墊腳石。

不要太執著旁人的意見，最重要的是，去聆聽自我內心的聲音，選擇自己「絕對要」的那條道路，而後堅定前行。

04

再撐一下，盡全力做到最好

已經踏上改變道路的朋友，我為你的選擇感到開心，也樂於為你拍手鼓勵。如果，你已經走到瓶頸停滯期，我要以過來人的經驗提醒你，千萬不要在此刻放棄，再撐一下一切就會不同。

盡全力，永不放棄

我兒子那次的游泳比賽，學校在後來的校刊上以滿大的篇幅報導。在那篇報導裡，學校老師沒放第一名的照片，也沒放第二名的照片，而是放上我兒子的照片，同時下了一個「**全力以赴、堅持到底**」的標題。

我兒子那一天游最後一名，但是他堅持不放棄的表現卻讓所有在場的人都印象深刻。

Do your best.

盡你的全力，做到最好。這就是堅持。

在電影《永不放棄》（FACING THE GIANTS）中，有一所基督教學院裡的橄欖球校隊，原本沒沒無聞、成績低落，菁英球員紛紛出走，球隊面臨瓦解危機，後來經過教練和球員間相互激勵，最後終於讓球隊在新的球季中贏得州冠軍。

在劇中，勇於改變的教練，開始積極訓練球隊成員，可是一向與勝利絕緣的球隊，設想自己會輸遠比期望勝利來得容易。看到球隊士氣不振，教練決心放手一搏。

他首先要求所有隊員進行「死亡爬行」的訓練，也就是每位隊員都要揹起另一位夥伴，膝蓋不可著地的往前爬行十碼。

十碼的距離，球員們全都輕鬆完成，誰也不當一回事。但是，這並不是教練所要的。他對主將布洛克提出了挑戰。

「布洛克，我想再看你做一次『死亡爬行』，這次要是最好的表現。」

「你要我攻三十碼嗎？」

「我想你可以攻五十碼。」

布洛克笑了笑，回了一句：「五十碼？沒有人壓在背上的話，我就能跑五十碼。」

教練的表情很嚴肅，說：「傑若米壓在你背上你也做得到，但是你要先答應我，你會盡力。」

布洛克答應了，教練要求他「要讓我看到最好的表現」，布洛克也再次答應「好，我會盡全力。」

教練拿出手帕，要求布洛克矇著眼睛進行「死亡爬行」，他的理由是「我不希望在你還能走更遠的時候，突然放棄。」

「爬行」開始，布洛克背著傑若米往前爬，前面幾碼還算輕鬆，雖然眼睛看不見，但是聽著教練的聲音指揮，布洛克很穩定的往前進。然而，隨時距離越來越遠，布洛克的行動變慢了，他明顯的感到手臂疼痛和腿部發燒，他更覺得背上的同伴有如千斤石。

「二十碼到了嗎？」布洛克問。

教練吼著：「不要管二十碼，你要盡全力，繼續、不要停，你的本事不只如此。」

不管布洛克如何哭喊「我快沒力氣了」或是「我的手好痛，像火燒一樣」，教練都只是不斷鼓勵他加油、繼續、不要放棄，要憑藉著意志做到底、做到最好。

布洛克咬著牙苦撐，聽著教練的話，再走十步、再走五步，最後他終於支撐不了撲倒在草地上。

教練解下他眼上的手帕，要他回過頭看。

布洛克爬完了全場。橄欖球場上全場一共有一百碼的距離，大約是一百公尺。

教練說：「看吧！布洛克，你已經到底線了。布洛克，你是全隊最有影響力的球員，如果你放棄、失敗了，他們也會放棄。告訴我你不會比我看到的再更好了，你背著一個一百四十磅重的人走完了全場，布洛克，我需要你，上天賜給你領導能力，不要浪費了。告訴我，我可以依靠你嗎？」

教練語重心長的話，激勵了布洛克；而布洛克成功地以「死亡爬行」達陣，也激勵了所有隊員。

相信你能成功，帶著這樣的相信，不斷地努力、堅持到底不放棄，就一定能成功，如果你相信「不可能」、「做不到」，就會被這些成見給絆住腳步。

在布洛克矇眼爬行的過程中，教練喊了十三次「對了，就是這樣」。

喊了十五次「加油」。

喊了二十三次「別放棄」。

喊了四十八次「繼續」。

布洛克全然信服教練、堅持盡全力做到最好，他完成了自己原本覺得不可能做得到的成績。

當我們在嘗試改變的過程中，也會有很多困難阻礙著我們，讓我們覺得灰心，讓我們想大喊「夠了！」、「算了！」可是，不要放棄，繼續堅持，你一定能看到成功的曙光。

可以的話，多做一點點

我的朋友歐吉桑，就是完成「彈鋼琴」夢想的那位，每天都要幫小孩簽聯絡簿，以前只簽一個姓，就完成爸爸的任務；後來他發覺，這樣似乎對他、老師和小孩都沒有意義。

於是，他決定在聯絡簿上多寫幾個字，可能是一句好話、對小孩在學校表現的回應，再趁著這個時間和小孩聊天。漸漸的，親子間的關係越來越好，學校老師也感受到他對孩子的重視。

所以，不妨試著多做一點，試著多努力一點，很多時候，結果就會有非常劇烈的變化。

舉一個例子來說，假設公司檢核合格的範圍是在1.5到0.5之間，甲員工做到1.1，乙員工做到0.9，表面上看起來他們都在合格的範圍內。但是仔細看，其實是有微妙差異的：

甲：1.1×1.1×1.1×1.1×1.1＝—1.61

乙：0.9×0.9×0.9×0.9×0.9＝—0.59

多做一點點和少做一點點，看起來是一點點，但兩者之間，隨著時間越長，就會差距越大。

或許你現在不覺得有什麼了不起，長久下來，彼此間的落差就會越來越顯著。

這些落差的重要關鍵就是「熱情」，專業可以讓你稱職，熱情可以讓你傑出，你做了1，是你該做的；你做了0.9，也不會有人跟你計較；但是你做了1.1，旁人一定能體會你的積極與熱情。就算一時之間沒有察覺，長久下來，你的光芒必定無法遮掩，因爲你早就一點點的把自己磨光、磨利了。

05

不要抱怨，保持熱情

在同一個職場裡待久了，很多人都會開始彈性疲乏，產生不滿與抱怨。其實，這些都是浪費精力的行為。

當你把力氣花在抱怨上面，只會得到更多的怒氣。

大家一起抱怨的怒氣，或因為抱怨而誤事的怒氣；到最後，你會發現，生活已經被各式各樣的怒氣填滿，再也塞不進任何東西。

終點還沒到之前，要耐得住寂寞

有時候，我們的努力，好像沒有人看得到，得不到讚賞和鼓勵，做起事來彷彿也很難有動力。其實，這種狀況是一個磨練，是一個在成功之前必須沉潛的過程。

就像Pub天后黃小琥曾經在評比《星光大道》的歌手時說：「歌要唱得好，一定要先在西餐廳演唱，等到你唱到客人連牛排都忘記吃時，你就成功了。」

客人到西餐廳原本就是想吃牛排，歌手的歌聲只是拿來配飯的，就算不是天籟，只要沒有太難聽，往往也不會有人抗議。

可是，一旦演唱實力到達了一定程度，歌聲就會抓住客人的神經，讓他們沒有辦法專心吃飯，除非聽你把歌唱完，不然連牛排也食之無味。如果你能做到這種程度，你一定是個實力派唱將，而且充滿舞台魅力。

我在「華信銀行」開始講ＭＭＡ投資理財講座時，台下的人都在吃便當，不管你說如何報稅或如何理財都比不上排骨便當吸引人，一個小時結束，大家放下筷子就謝謝再聯絡了。可是，如果能夠講得生動、吸引人，能說得讓他們聽到忘了手中的雞腿，那就代表我的演說成功了。

所以，對於現狀的不滿，與其不爽或抱怨，不如積極加正面，拿出實力、拿出成績，做到讓人無法忽視、心生佩服，那些氣力花得更有價值。

許多人覺得自己被困在週而復始、沒變化的工作裡，成天抱怨工作很無聊、沒意義。但只要改變一下想法和念頭，比方說，用「每天都是新的一天」的心態，去面對所碰觸到的人事物，就會覺得工作不那麼無聊了。

黑幼龍說過，如果一個醫生每天的工作就是割盲腸，一年割了五百次，割到最後也會心煩；但是，如果這個醫生換個角度去思考，每割一條盲腸就覺察到自己又拯救了一條性命，那麼，這個割盲腸的動作，就會保持在熟練與精準卻不覺心煩了。

改變想法和思考的角度，可以幫助我們在工作中找到成就動機與價值感。

知道不等於做到

每次演講後，總有學員到部落格上留言，告訴我他們聽了演講後，都知道改變和行動的重要性。

但是，**知道不等於做到**。

沒有行動，一切的想法都只是空談。

聽了再多改變成功的例子，如果你自己不想改變，也不想開啓改變的行動，這些故事對你並沒有產生眞正的意義，你還是原來的你。

討厭抱怨的你依舊會每天抱怨、討厭肥胖的你依然在放縱飲食卻不秤體重、業績低落的你也永遠只能看見別人一再挑戰業績高峰……

「我知道，但我就是做不到」是阻礙自己前進的大障礙。

停止抱怨，重燃熱情

如果，你現在還身陷在自覺無望的工作環境裡，每一天都覺得無助，每晚下班總是在抱怨，你應該需要改變。

如果沒有辦法換工作，何不從改變工作態度開始？

看看環境裡過得比較快樂的人，他們是怎麼做的？

聽聽前輩在工作裡的心路歷程，也許你也會聽到不少撇步或技巧。

或者找一些感興趣的新鮮事嘗試，例如：學瑜珈、做菜、打羽毛球等等，一方面放鬆自己的壓力也提供學習新事物的機會，說不定那些技能會爲你的未來埋下伏筆。

所以，如果你開始有了改變的念頭，不妨也開始積極觀察哪裡有可以和你齊頭並進的夥伴，哪裡是同心協力想積極改變的環境，立刻加入他們的行動吧！假使，你覺得實在找不到這樣的環境，那何不自己來創造一個呢？

不管是發起讀書會、組成桌球隊、甚至成立戒菸小組，都不是做不到的事。多一個朋友一起努力，你會更有衝勁、更樂於改變。

不管是可以告訴你怎麼做的老師，或是勢均力敵的對手，都可以讓你產生仿效的情緒，打從心底去激發自己的熱情。

辛西亞這位零售業的區經理，在短暫「轉職」爲專業母親的過程中，也曾經有很多不適應和困擾；但是，她靜下心來思考，成爲三個孩子的媽媽既然是自己的人生目標之一，那何不試著快樂一點去接受生活裡的點點滴滴？儘管生活時間表裡充滿了孩子吃飯、睡覺、上廁所、換尿布等等事項，看著孩子可愛的睡顏，心裡滿是踏實和幸福的感受。

轉個念頭，對生命所抱持的熱情漸漸重新燃起，生活裡陰暗的面貌，也一點一點地被照亮了。

她利用帶孩子的這段留職停薪的時間，去學開車、寫部落格、和各家媽媽分享育兒經，甚至主動擔任業餘零售業觀察員，不時寫信跟老闆聊聊自己的新發現。

人生不會因爲職場上的變動而就此停擺，有機會能休息歇腳的人，何不好好把握這個難得的機會，寫出一段精采的小篇章，不管這段轉折在未來會發酵成什麼，都很值得期待。

當你覺察到熱情漸漸流失的時候，不要氣餒，不妨試試這兩個方法：

1. 爲行動塑造價值。
2. 給自己愛的鼓勵。

某家公司曾經流傳過這樣一個笑話。

兩個人在廁所聊天，其中一個問：「咦，你知不知道今天副總裁有沒有來？」另一個人回答：「我哪知道？公司裡副總裁那麼多，我哪知道誰有來、誰沒來。」

這時候又有一個人進來。

「哎呀！廁所垃圾怎麼都沒倒，打掃的阿姨有沒有來啊？」剛才說話的兩個人立刻異口同聲的說：「阿姨今天沒來啦，說是兒子要娶媳婦，要請假三天。」

「請假三天，那怎麼行！廁所這麼髒怎麼辦？」

原來，對他們來說，打掃阿姨比副總裁還重要。

打掃阿姨和副總裁，孰重孰輕不是重點，重點是如果我們能夠去體察自己的行動可以產生哪些價值和意義，我們就會更願意投入與付出。

06

只要腳步不停，就有機會超越

事情會達成，一開始可能只是想參與。讓自己置身其中，和加入環境裡的夥伴一起行動。我們即使一開始落後，但只要我們的腳不停，就有機會超越。

盯著目標看，腳步不要停

中樂透，這是許多人共同的願望，但**如果你連一張樂透彩券都不肯買，怎麼可能成為樂透獎金的得主呢？**

或許，你該再問問自己：真的想中樂透嗎？

如果你不能明確的知道自己要去哪裡，那麼你最後一定會到了一個連你自己都不知道的地方。

決心，非常重要；對於目標有了堅定的意志，眼中只盯著目標看，一心只想往目標走，你一定找得到路，也不管要繞多遠，你都會往目標靠近，因爲你一定要去，你絕對要達成目標。

只有想，不能帶來任何希望與變化；唯有行動、保持信念，才能真正改變。成功的人是相信會看到；普通人則是看到了才相信，你想當成功的人還是普通人呢？

一九九九年的國際二十四小時馬拉松競賽在台北舉行，那是一場必須要連續二十四小時腳不停步的比賽，選手們不只要比速度，也要比耐力，勝利的標準取決於二十四小時裡參賽者所創造出來的最長距離。

當時年僅二十三歲的台灣選手林義傑，以兩百二十公里的成績奪下男子組的冠軍。那一刻是台灣的驕傲也是台灣選手的光榮，林義傑的成就讓台灣的名字再一次在世界體壇上發光。

林義傑曾經在賽後表示，他原本沒有想到自己會贏，因爲同行的夥伴中，強敵實在太多。但隨著自己前方的敵手越來越少，他內心裡的「求勝種子開始萌芽」，漸漸產生了「我不想輸，我不想輸給外國人」和「我想贏」、「我可以贏」的想法，最後終究獲得勝利。

所以，每個人都擁有改變的力量，一開始或許不知該從何下手，但只要踏出第一步，正式有所行動，開始朝向目標前進，改變的轉輪便跟著啓動，隨著每一次的轉動，逐漸會產生能量。

許下承諾，不留退路

我之所以會經營部落格，剛開始眞的是無心插柳。

因爲腰傷的關係，我從大陸回台後整整躺了十九天，不能下床、不能亂跑。爲了打發時間，我開始把自己的心情和上課後的心得一一記錄下來。東寫寫、西寫寫，十九天挺快就過去了，回歸講師的工作崗位以後，我試著將助理幫我拍下的課程記錄照片，選出精采的PO上網，同時也把我對當天課程的想法寫下來。

本來只是一個記錄的地方，漸漸的，開始有學員發現我的部落格，也開始留言，「憲哥部落格」竟變成了一個我跟學生除了課堂教室以外另一個可以交流互動的平台，到現在已經累積了二十二萬人次的瀏覽記錄。

我並沒有要跟那些百萬部落格主競爭，但是我也很清楚，如果我沒有用心投入去經營，不會有那麼多朋友持續關心我的部落格。

於是，我開始自我要求，每天一定要上網回覆網友的留言，一定要保持更新，只要當天課程一結束，晚上十一點以前一定要把課程記錄PO上網。四年多來，除非眞的到了網路不通的地方工作，我從沒有違背過我的承諾，我相信每一位關心「憲哥部落格」的朋友都是我的見證。

要維持這個承諾，當然有其難度，畢竟人會有惰性，有時候一整天上課下來已經很累了，還是要花時間、心力去更新部落格，難免會有「偶而一兩天休息沒關係吧」的想法。

可是，只要發現自己有這個念頭冒出來，我就會立刻再想，這樣不就愧對今天課程上的同學們嗎？

別人的課我都用心記錄，唯獨把他們漏掉，那種心情一定會很不好受的。

這麼一想，不管再累，都能打起精神把事情做完；因爲，我完全不想違背對自己的承諾，我已經保持記錄那麼久了，爲什麼要輸給一個突如其來的苟且念頭。

親愛的朋友，已經有那麼多人以行動告訴你「行動就能成功」，難道，你還不心動嗎？難道，你還要停留在想的階段嗎？

行動吧！一千個想法，不如一個行動，選一個生活周邊就做得到的改變目標開始行動，一天、兩天、三天……一個星期、一個月、一年，你想去的地方，一定到得了。

07

量力而爲，努力過就好

改變的大原則每個人都一樣，但實際進行的方式就不一定了。
最重要的是要找到適合自己的方法。
量力而為，只要你努力過了，就值得讚賞。

先問自己真的努力過了嗎？

曾被《商業周刊》選拔爲「全國超級業務員」的李堅強，剛開始也當過菜鳥。他發現自己不喜歡朝九晚五的工作，於是在朋友的介紹下進入汽車業。從來沒賣過小貨車的他，沒有人脈也沒有背景，一切只能靠自己磨練。

要踏出第一步，很難，可是頭過身就過，最後就會像倒吃甘蔗一樣，變得越來越容易。

李堅強回想自己剛開始的那段時間，所有的業績都是客人自己到營業所來看車，經過他的說明才能順利成交，可是這樣的業績效果是很被動的，如果沒有客人上門，就沒有生意、沒有業績。後來他看到學長們的業績都很好，決定鼓起勇氣去請教。

學長告訴他，好的汽車銷售員，除了待在營業所裡賣車，也要出去開發潛在客戶，建立好人脈和關係，未來客人想要買車就會想到你，就不怕沒有業績了。

他想了想，覺得很有道理，心裡也想起而效法。可是想是一回事，做又是一回事，要他隨便到路上拉一個人問：「請問你想不想買車？」說起來真的很彆扭。

可是，如果不去嘗試這一步，眼前的瓶頸就難以克服。

經過一番內心掙扎，李堅強決定去試試看。有天，他騎車來到營業所附近最熱鬧的一條商店街，第一家店是傢俱行，他就鼓起勇氣進去了。

「老闆你好，我是澪豐汽車李堅強，今天來跟您拜訪一下。」可是傢俱行老闆對業務員完全沒好感，完全當他是空氣，一點也不想理他。

但是李堅強並沒有放棄，還是經常去拜訪，偶而經過也會特意進門打聲招呼，即使老闆冷言冷語也不管。經過幾個月以後，他又到那家傢俱行跟老闆打招呼，這一次老闆竟然沒罵他也沒趕他，還叫他到檜木桌前坐下，請他喝了一杯茶。

李堅強說：「那杯茶雖然沒有上好的茶葉和湯水，但是喝進我的嘴裡真的很甘甜。」努力得來的善意回應，讓苦澀的茶水也有了甘甜的餘韻。

我們之所以每天不斷地努力，爲得不也就是那些辛苦付出之後的甜美果實嗎？

李堅強可以選擇待在營業所裡吹冷氣，被動的等客戶上門，但是他選擇了積極挑戰自我，後來也得到了成功。

所以，先不要去想你能夠得到多少報酬才願意付出，先把自己全部的心力投入進去，確定眞的努力過了，就算失敗也是一種獲得。

如果不曾努力或嘗試，認為做不到就輕易不做，就會因此與成功絕緣了。

自我鞭策，但不要勉強自己

我兒子的游泳比賽，雖然他獲得了夢想中的遊戲機，也獲得了滿場的加油與喝采聲，但是，我卻以爲，如果他等到學會換氣以後再去參加比賽，他可以表現得更好，也不會那麼危險。

王建民在洋基隊創下十幾場的連勝記錄，但當他受傷後，成績難免會受到影響，這時如果要求他和前面有同樣的表現是不公平的，如果他不能好好休息養傷，讓自己的身體和球速恢復以往，他永遠無法再回到當時的榮景。在他傷勢尚未痊癒之前，去談論上不上場、勝率如何等問題，也只不過是空談而已。

所以，我們在進行改變的過程中，能夠了解自己當下的情況，然後量力而爲地訂立目標、選定策略、安排計劃，才有實行的可能，最後也才能收到良好的改變成果。

金馬獎紀錄片導演楊力洲的《征服北極》一片，記錄了林義傑和劉柏園、陳彥博這三個五六七年級生，一起前往北極，跟著來自世界各地的極限運動選手，參加「二〇〇八極地大挑戰」（Polar Challenge）比賽，一起挑戰長達21天極地長征的過程。在這場比賽裡，他們必須在冰天雪地裡行走，必須在嚴苛惡劣的環境裡往磁北極前進，沿途除了酷寒、有限的食物、嚴峻的地形；還有脫水、失溫、凍傷和北極熊偷襲的危機。

如果他們三個人不是對自己的體能和耐苦的能力有所了解，在行前做好充足的準備和規劃，單憑一股對夢想的熱情，是無法幫助他們順利走完全程的。根據參與極限體能運動最有經驗的林義傑指出，如果他們沒有通過主辦單位所安排的嚴格訓練課程，他們是不可能可以參加這場比賽的。

假使一個連四百公尺都跑不完的人，一下子就決定去參加二十四小時超馬比賽，試問怎麼有可能會成功呢？可是，如果能夠慢慢鍛鍊自己的體能，從四百公尺開始、八百公尺、一千公尺、三千公尺，一路訓練下來，等到準備充分了，說不定就能在馬拉松比賽裡獲得好成績。

我鼓勵大家勇於嘗試，也鼓勵大家積極挑戰自我的極限，但前提是，你知道你在做什麼？

你知道你能做什麼？

你是在有所準備的情況下去面對的。

改變的行動是自己和自己的比賽。

你大可以因應自己的狀況去安排改變的時間表，不用追著別人趕進度，因爲我們的最終目的是希望能夠順利改變而獲得期望的結果，並不是扭曲自己去應和別人，也不是要勉強自己去完成能力極限以外的事。

遭遇挫敗的因應模式

Change（改變）：尋找改變的方法，開始改變的行動。

Accept（接受）：接受努力的結果，省思過程中得到的經驗。

Let it be.（放手）：超出自己能力範圍的部分，留給別人去發揮。

Manage（管理）：管理策略與程序計劃，排除阻礙元素。

在改變行動的過程中，敵人不是對手，而是自己，把自己想做、該做的事情做好，就是值得讚賞的成就。如果積極努力過了，仍然達不到效果，或是超出自己可以達成的範圍，那麼，修正目標，重新出發，航向新的海域，原來的留給別人發揮也無妨。

我可以，你也可以

鎖定目標、找尋正確的方法，搭配堅持與毅力，必能抵達終點

莊舒涵（出色溝通力企業講師）

我的人生總是無時無刻就能蹦出好多的目標和夢想，也似乎都能一一的去完成和實現。

一直以來身旁的同事或朋友對於我想做某事，進而展現出的行動、執行力都會深感佩服，像是三週學會舞孃在尾牙上表演、從美國旅遊回來後一對一跟外國人學英文、挑戰1.2公里的游泳。

然而我深知，我只是一個擅長衝刺短跑的選手，倘若此目標需要長跑的堅持與毅力，我是跑不回終點的。

寫文章很難嗎？不就是鍵盤上敲敲打打而已

二〇一一年我從人資工作者轉職成爲校園職涯講師，一次機緣受學妹之邀在中央大學演講，結束後學妹強烈建議我要有自己的部落格，她說：「現在找講師大多是自己上網搜尋的。」

一回到家，我立刻上痞客邦申請了帳號，經營起「莊舒涵—小卡老師部落格」，這兩年記錄了一百多場的演講、授課紀錄，對於「一百」這數字既自豪又滿足（現在的我幾乎不敢去翻閱過去那些文章啊！）。

二〇一三年一個機緣下，我轉戰成爲企業內訓講師，爲了累積實戰經驗，我很拼，全台哪裡有課都去，大陸更常一去就大半個月，在各城市間不停轉換。

看著其他企業講師的部落格，我覺悟到不能再如此膚淺的僅留一些上課記錄，於是計劃開始增加學習心得、教學自我反思與職場議題。

用想的都很美，實際上每次打開電腦後，卻不知從何寫起，常常一篇文章一寫就是兩三天，更不用說很多都只寫了幾個字就胎死腹中。

加上文章瀏覽數量都只有四、五十人，終究被我找到放棄不寫的好理由：當講師就好，幹嘛把自己搞得這麼累？文章這麼用心寫又沒人看。只要課上的好、有成效，學員自然會投入。因此這三年的寫作就在這樣走走停停下，僅產出七十篇。

寫文章真的很難！不是鍵盤上敲敲打打而已

二〇一五年毅然決然割捨掉大陸市場，將重心移轉回台灣，憲哥、福哥特別花時間，讓我瞭解台灣講師市場的狀況，指導我該如何經營自我品牌，個性很不一樣但想法卻很一致的兩人，都不約而同提及到文字的影響力。

當時我腦中竟然冒出了「出一本書」的目標，身旁的朋友都說妳一定可以的，我也就不疑有他，一向行動派性格的我，立即依據兩位資深前輩的建議，逼自己一週得產出一篇，每一篇從構思到上架，大概都得耗掉整整一天的時間，這一年我真的達標寫了五十二篇。

不過你問我喜歡寫嗎？答案是「非常不喜歡」，耗費這麼多時間做這件事，瀏覽數字雖然有增加一點點，但那一點點和沒有是一樣的，而我也看不到寫這些真的有發揮什麼影響力？就更不用說什麼品牌經營了。

不過縱使我不喜歡，也沒有天賦，但這一次我卻倔強地告訴自己：「我不想放棄這五年來的跌跌撞撞，雖然看似沒累積什麼，也有二百二十篇，以及懂得什麼叫做沒人要看的文章。」

此外，我總認爲寫作和打電玩遊戲一樣，都是有方法、技巧和秘訣的，只是還不知去哪裡找寶典做參考而已。

寫文章其實沒有很難，不能只是在鍵盤上敲敲打打而已

二〇一六年我送給自己一堂不便宜卻物超所值的「寫出影響力」課程，做爲三十六歲的生日禮物，進入課堂前五週得聚焦在一個主題上寫出十篇文章。

那是一段生不如死的日子，以前都是隨興亂寫，現在要聚焦寫，很痛苦、很煎熬、很逼人，再搭配上強烈目標導向的我，看到瀏覽量低迷不振，一度挫折到夜晚躺在床上都會想著：「我怎麼這麼爛，連寫個文章都不會」，好幾個夜晚都是淚水伴著我入眠。

或許是個性好強，更或許是仍堅信要練好文字才能進而發揮影響力的信念，讓我認眞謹愼地看待寫作這件事，透過課程上何飛鵬社長、憲哥、福哥傳授寫作心法、技法以及不爲人知的「眉角」後，我一一檢視並列出自己過去在寫作上的缺失，進而調整修正。

從今年四月開始，我更有規律的以一週三篇，持續鍛鍊著寫作的肌肉，專注聚焦在職場溝通領域，以及獨自去南美洲旅遊日記，半年下竟然寫了十二萬字。寫作時間從過去一天一篇到現在一、二個小時一篇，開始更懂得用眼睛、用心去觀察、體驗自己的生活和生命，再將這些經驗、故事轉化成文字，並加入個人的觀點和想法。

文章在質量兼具的狀態下，開始有認識及不認識的人轉文分享，偶爾會有網友傳私訊說，他很喜歡讀我的文章、我的某些觀點對他產生了什麼樣的影響。有朋友藉由文章學會一兩招溝通技巧，有些朋友改變了對南美洲人的印象，還有些公司透過文章，邀約我至他們企業授課、演講。

這一刻我才知道，原來我也會長跑，只是過去我不想跑而已。

各位朋友們，只要目標有了、方法對了，用著短跑的心情節奏搭配上長跑的堅持與毅力，不斷向前跑，你必能抵達終點。

PART 5

成功改變，長程續航

恭喜你，看到這裡，你已經離改變成功不遠了。
這段時間你辛苦了，但應該也獲得了改變的成果，
一個屬於你人生的改變成果。

在這條實踐改變目標的過程中，
憲哥與你一起共度，
你並沒有放棄，
我相信你一定也獲得了檢驗眞理的人生法則，
養成了造就成功的習慣，
這會讓你從此開始累積小成就，創造大成就。
朋友，我以你爲榮！

序幕

複製成功經驗，人人都能心想事成

一件事從頭到尾做到完，就是成功。

在開始之前，不要在乎得失，不要太計較付出與回收，單純的投入，把一個計劃認真完成，就是成功。

過程精采就是勝利

看到別人成功，會刺激我們改變的決心。

然而，**一千個想法，不如一個行動**。

當你決定有所改變，你一定要開始行動，不要找藉口，不要說沒時間，不要說我個性就是這樣而抗拒改變。

有時候，我們往往把問題想得很複雜，把解決方法想得很困難，在不斷自我打擊的情況下，信心就這樣潰散了，只要踏出去，勇敢的找方法幫助自己改變，就是你下定決心的表現。

把握「七要二不要」（如下表）的心想事成關鍵原則，許下承諾，把自己想要改變的想法說出來讓周遭的人知道，設下目標，擬定自己能力所及的計劃，敏銳地觀察環境、尋找更多有助益的資源。之後按部就班的依計劃行動，盡自己最大的努力去執行，全力以赴、堅持到底，不管面對多大的困難、不管成效多麼微小，都不要放棄，都不要喪失信心。

我們不一定要站上世界頂峰，只要在你的工作領域中創造自我價值，就是了不起的行動。

你喜歡你的工作，你在工作中投入熱情，期望與你工作接觸到的每一個人都能共享幸福，這就是一項非常難得的成就。

心想事成的關鍵原則：七要二不要

一、要「說」出來：當你想改變，很多人會願意協助你。
二、要能知道「過去不等於未來」。
三、要能「即時」：隨時檢視自己的核心競爭能力。
四、要有「承諾」：改變需要做出承諾。
五、要有「目標」：改變需要定下目標。
六、要能「敏銳」：多觀察周遭環境，保持敏銳度。
七、要能「量力」：不可以超出自己能力太多。
☑不要說：沒時間。
☑不要說：我的個性就是這樣。

成功的經驗可以複製，你我都能心想事成

我相信，每個人都能心想事成，養成「成功」的習慣。

成功的經驗可以複製，我自己的改變行動成功了，就能夠依循相同的模式再次進

行新的改變；而成功經驗也能成爲別人處理類似經歷時的參考，幫助更多人。

每次上完課或演講結束，總會有些朋友留下來跟我聊聊自己的想法。可能是受到課程的鼓動，可能是從我的經驗中得到力量，也可能是目前有困擾。我樂於傾聽，也會鼓勵學員不要對自己喪失信心。

除此之外，我還因爲是廣播節目「ＩＣ之音」的固定來賓，而得到許多聽眾的迴響。甚至有原本不認識我的聽眾，聽完以後立刻上網找我的資料，到我的部落格留言。

我眞的很開心，我的想法經驗可以讓大家有所收穫。

有一回，一個跟我聊過天以後覺得心情輕鬆很多的朋友，問我：「爲什麼你願意幫我？」

「因爲我認爲，人生如果必須有一萬分的點數需要累積，面對一百人的演講，可以得一分；爲五十個人上課，也能得一分；傾聽一位朋友的困擾，陪著他一起尋找方法、挖掘力量，也能得一分。」

我們每個人都擁有力量可以改變，而行動過程的良好經驗也能成功複製，讓更多人受惠。

01

好還要更好，不斷創新追求卓越

當你一點一點慢慢有了變化，順利完成行動計劃；當你的改變有了持續性的效果，你可以適時在過程當中，給自己愛的鼓勵。當你持續成功，你更要把握這股「心想事成」的節奏，繼續新的嘗試，不斷創新、追求卓越，讓自己好還要更好。

養成成功的習慣

當我離開中強電子，進入信義房屋的時候，我只想要轉換不同的工作環境，希望得到比較高的待遇。

從華信銀行轉職安捷倫面試的時候，也只是想要試探水溫，測試自己有多少實力。

當我看到安捷倫科技給我的聘雇條件時，我已經確定要好好待在這家懂得善待員工的公司。

可是，「英文」這個勁敵阻擋在我前面，甚至威脅到生存的空間，我就下定要將它打敗的決心；等到通過老闆的測試與肯定，我已經決定要努力拚業績，讓他知道他的眼光是對的。這一段歷程，就好像有一股無形的推力，推著我不斷積極努力、投注熱情，而後一步步挑戰顛峰。

是我的意志激盪了內心的改變力量，讓我可以不斷自我調適、保持彈性、越來越進步，精進核心競爭能力，在每一個彎道領先，而後於直線勝出。

現在，我還不斷的在設定目標，不管是繼續攻讀研究所，或是爲每一年的課程安排時數，我都很清楚知道要的是什麼？要怎麼做才能讓行動有效果？既然我絕對要成功，就沒有任何事可以擋在我面前。

而且，我覺得「讓行動導向成功」，是一項值得被養成的好習慣。

我們前面提過持續21天的行為改變，可以讓新行為變成一種新習慣；那麼，假使你能持續21項以行動帶來成功改變的經驗累積，也許你真的能讓「成功」變成習慣。

因爲，對於如何設定目標、如何展開行動、如何贏得改變，每一步你都再熟悉不過。遇到挫折，你不會馬上放棄，你會再試一次、再多撐一下、再多做一點，只爲了讓自己越來越好。

習慣成功，相對也不容易失敗。這很棒，不是嗎？

隨時保持創新思維，精益求精

我覺得，想要不斷成功，要有能敏銳因應變革的柔軟度。

想要在大環境不景氣的這個大彎道上拉開與對手的距離，無論是企業或員工，都必須要有思考創新的能力。

能夠與眾不同、勇於嘗試，才能夠在選擇加速的過程中，保持安全並且排除危機，同時迎向挑戰。

產品及服務創新的思考方式

一、主要服務創新：推出全新的核心產品。例如便利商店開始賣研磨咖啡。

二、主要流程創新：以新的方法傳遞核心產品，為客戶提高價值。例如速食業提供得來速服務，讓顧客可以更便利取得產品。

三、產品線延伸：增加週邊品項產品線。例如童裝品牌也賣孕婦裝。

四、流程線延伸：增加服務流程或改善動線，吸引顧客停留。例如店裡放置提款機，讓顧客領了錢，順便也想買東西。

五、附屬服務創新：提高促進性或增強性的附屬服務。例如給網路下單的顧客更多優惠。

六、服務改善：提供更好的服務。例如給進門的客人一杯茶、開門的第一時間要微笑說出「歡迎光臨」。

七、改變風格：在外觀與樣貌上做出改變。例如更換店招、室內裝潢，或是改變員工制服等等，以求帶給消費者耳目一新的感覺。

不管採用什麼樣的變革措施，都意味著企業與員工決心採取迎向彎道與挑戰的思維，同時打算以此積極行動。

我有一個朋友，三度離開原本工作的企業，又三度回鍋；每一次的變動，都得到了提升。第一次離開，他取得了MBA的碩士學位；第二次離開，他得到了儀器銷售的業務經驗，等再度回到同一家企業的時候，他已經成為業務部門的高級主管了。

每一次的回鍋，都是一次重新的檢驗，都要經過層層的面試、打敗大量的競爭者，如果他不是有了實力上的提升，是不可能回到原來的職場，更不用說薪水、職銜三級跳了。

他的成功，來自於對自我的覺察與期許，每一次的變動，都是期望自己能有更多的成長，能變得更強。

你的人生高峰想要有什麼樣的風景，就看你如何不斷追求卓越，精益求精，把成功的樣貌一點一點琢磨出來。

02

以終爲始，行動力量循環不休

人生，可能很漫長，也可能很短暫，不管你的人生長還是短，其實都一樣，重要的是過得精不精采、快不快樂，有沒有按照自己想要的方式生活。

生是偶然，死是必然，人生在死亡的那一刻結束，然而，我們已經度過了多少歲月？你的夢想跟你距離多遠？人生留有遺憾，真的不會後悔嗎？

想要改變，現在就要開始行動。以終為始，展開行動，讓自己的每個理想目標都能達成。

人生下半場，不休息，直接開始

二〇一六年四月二十六日在憲福講私塾上課，我成功達成十年授課一萬小時的目標，一年三百六十五天、一天二十四小時，要達成這一萬小時，意謂著我每個禮拜要講課的時數幾乎超過一般上班時數的二倍，更不用說在不同的城市間移動的通勤時間，以及每一門課的準備時間。

回想起第一個小時的心情，在第一萬個小時的那一刻，分外有感觸。我看見自己的成長，也感謝這十多年來超過三百家企業跟我合作。

這是我受到的肯定。

每一個職場菜鳥都不知道自己什麼時候可以成爲獨當一面的企業菁英，甚至不知道自己這一步踏進來的環境，未來是不是可以達到頂峰。

然而，不去想未來的樣貌，就沒有辦法決定現在要設定什麼樣的目標？如何排定計劃？缺少什麼核心競爭能力？

現今的企業已經不容許員工始終停留在菜鳥階段，超過預定時間提升不了水準，只能面臨淘汰的厄運；局勢已經不容許我們再自我姑息了。

不往前走，等於後退，後退就只能被淘汰。

現在好，未來一定要更好。

所以，在我四十歲生日的那一天，我在部落格裡向自己和廣大網友許諾：人生下半場，不休息，直接開始。

雖然達成一萬小時的目標，但我還是在講師領域裡繼續努力，我還是需要繼續提升在這一行裡的核心競爭力。即使每個星期的工作進度已經排得很滿，我還是覺得自己需要更進一步的進修。

我設定了新的目標——繼續攻讀研究所。

因爲枯竭的老師教不出豐富的孩子，儘管爲了兼顧學業與工作，我必須努力的調整選修課表和講課的時間，有時候一天得來回花上好幾個小時的車程，晚上回家還得做功課；但是，爲了讓我提升實力，爲了完成想達成的目標，無論多辛苦都沒關係，因爲過往的經驗讓我相信，一切的辛苦終將有回報。

還有那麼多事沒做過，還有那麼多人沒碰過，還有那麼多精采沒看過，我們努力都來不及，怎麼能放縱自己停在這裡不動呢？

我不知道我的人生高峰會在什麼時刻到來，我只知道，在呼吸休止的前一刻，我都會堅持追求卓越，持續改變的行動，體驗各種可能，讓自己不愧此生。

起點不重要，重要的是終點的風景

在二〇一〇年一月《Career雜誌》「走進專業名師世界」的報導中，發現除了採訪我——企管顧問講師之外，還介紹了律師、建築師、會計師、廚師等我們常常被尊稱為「師」的職業；另外還有營養師、精算師、專利師、呼吸治療師、社工師、環安工程師、冷凍空調師等等較少聽過的行業，也紛紛因為專業而成為小池塘裡的大魚。

這顯示了在現今的社會中，已經不再是你從什麼學校畢業或進入某一家大企業就等於取得職場絕對優勢了；成功的法則來自於你是否能在專業領域中出類拔萃。

從各專業領域裡頂尖人物的分享中，我們發現，這些人不論擁有哪些資源與核心能力，他們始終保有良好的職場態度。

他們或許曾經挫折、失敗、沮喪，但是從不後悔也不放棄，更沒有因為一時的失意而轉職熱門行業，反倒是更加倍的努力，不斷累積自己的經驗，提供專業的服務。

等到他們順利改變，提升自我實力成為領域中的佼佼者之後，無形中已經建立了一塊響噹噹的招牌。

當然，財富、名聲也隨之而來。

我們的起點在什麼地方並不重要，有沒有家裡的數十億身家財產也不重要，重要的是，我們有沒有一顆積極挑戰的心，願不願意為自己的夢想與理想貫注心力。

重回球場的林岳平

生命最寶貴，只要活著，永遠有機會。

棒球選手林岳平，是統一獅的投手，每次上場總是全力以赴，努力為球隊爭取佳績。可是，隨著他投入職棒生涯，訓練不斷加重，他開始覺察身體不適。

有一回「感冒」久久不癒，讓他不得不去大醫院檢查。結果，檢查出來，他被診斷患有「先天性主動脈閉合不全」以及「心臟瓣膜脫垂」。醫生告誡他不要從事激烈運動，打棒球更是不適宜，建議早點做好「改行」的準備。

林岳平不想放棄，儘管曾經因為跑太快而昏倒，但他仍不想透露自己身體不適，只希望能在球場上多待一會。可是，紙終究包不住火，春訓之後的體檢他被醫生診斷如果不開刀將終生無法再打球。

可是，開刀手術過程中的死亡的機率是百分之七。

掙扎過後，他實在無法立即下開刀的決心。

一來，怕球隊的比賽受到影響。

二來，怕年紀大的雙親知道會承受不了。

甚至，萬一手術失敗，他將永遠再也回不了心愛的投手丘。

他只好去拜訪統一獅的球隊總經理林增祥，他問總經理：「你准許我去開刀嗎？」

「當然可以，生命比什麼都寶貴。」

「如果我去開刀的話，那今年球隊投手的戰力該怎麼辦？」

「戰績的事讓我來傷腦筋，你先把身體治療好。」

經過一番心態調整，他相信唯有改變自己的想法，下定開刀的決心，事情才會有轉機。在家人和朋友的支持下，他全力配合醫生的指示與病魔對抗。

經過三個月的休養，他重新回到球場，卻不知道什麼時候才可以重新站上投手丘。

在二〇〇七年九月二十一日這天，統一獅對兄弟象的比賽中，九局上半兩人出局，教練突然指派在一旁練球的林岳平準備。

林岳平上場，三顆球速超過一百四十七公里的快速球，不只三振了對手，也漂亮的結束這一場比賽。

實況轉播：「最後一個高角度的High Fastball讓比賽有了完美ENDING。場邊是林岳平的爸爸，還有媽媽、姊姊、主治醫師、復健醫師、麻醉醫生全都來了，要見證他回到場上的這一刻！」

這一刻，林岳平沒哭，但身爲球迷的我哭了，林媽媽也哭了。

球賽繼續轉播：「哇！媽媽哭的已經脫妝了，觀眾朋友如果再大喊林岳平幾聲，他眼淚就要流出來了……好像有泛著淚光，這眞是感人的時刻！」

爸爸看著兒子復出，開心地站了起來和球迷握手致意。醫生說，沒看過這麼堅強的病人，林岳平的故事，醫生打算拍成紀錄片，希望用來感動和鼓勵更多人。

如果連生命的難關都能因爲勇氣和信心跨越，還有什麼不可能呢？

Back to Basic! 就算失去一切、被判離場，不要灰心，只要抱持著回歸原點的心態，重頭來過、重新開始，有一天一定能重返榮耀。

03

一個人成功，不如兩個人成功

一個人單打獨鬥，雖然也可能創造出驚人的佳績；但是有團隊和夥伴一起努力與分享，那種深厚的革命情感和心心相印的感受，往往會讓成功的果實更為甜蜜。

明星團隊，史上留名

我帶領過很多企業內訓課程，其中有相當大的比例要求上「高績效團隊領導與運作技巧」，這確實是企業認爲主管必備的重要技能之一，如果領導者能運用自己的職能技巧和個人魅力去凝聚團隊，集中力量在組織目標上，那麼帶領的團隊往往能夠躍升爲高績效團隊。不是只有一個人強，而是整隊都很強，就算今天其中一個人狀況不好，整個團隊也能立刻予以支援，把漏洞補起來。

但是，如果領導者一味地想著自己如何成爲團隊裡的明星球員，那麼這個團隊只不過是空殼，只不過是一人球隊，每個人都相互絆腳，試問這樣的團隊能夠成功嗎？恐怕很難吧。

相反的，如果團隊裡的每一分子，都能在自己的崗位上，盡守自己的本分；當每個隊員的呼吸一致、心念一致的同時，就好像場上多了一個無形的幫手，讓你們變得更強、更靈活或是更難應付。如果敵我雙方都是全心盡力，那麼這場對決恐怕更是精采可期，不論誰勝誰負都會是一場令人難忘的比賽。

「明星球員，光芒短暫；明星團隊，史上留名。」積極營造團隊的成功，整體的向心力凝聚起來的威力更爲強大。

在付諸行動的道路上，有時候我們很難堅持下去，這時候有親人的鼓勵、朋友的提醒，就可以在心灰意冷之際重新燃起鬥志。

「一個人成功，不如兩個人成功；兩個人成功，不如一個團隊成功。」不論我待在哪一個職場環境裡，這句話都得到了印證。

我在信義房屋賣房子的時候，剛開始待在新生店，那時候公司的經營策略是「遍地開花」，方圓百里內有好幾家分店，只要有任何潛在客戶，各家分店就可以相互支援，業績很快能大幅成長。

但當我被派駐到家鄉接中壢店的時候，全中壢市就只有一家店，有時候案子推動起來，似乎就少了一股後勁的力道，最後常常功虧一簣，整體業績也不盡理想。

如果當時有團隊的力量，似乎真的比較可以發揮出超越百分之百的能量，無堅不摧、攻無不克。

最有價值的MVP

球隊比賽也是一樣，主將如果堅持英雄主義，上場時只顧自己表現，不與其他隊友配合；那樣一來，只要敵方將你守死，就算再厲害也很難突破重圍。可是，如果你能靈活運用戰術，帶領所有隊員一起前進，敵隊就不能那麼輕易看穿你們的進攻策略，只要對方防守配置出現漏洞，你們就有成功機會。

各種團隊運動比賽裡，經常會有「最佳MVP」的選手獎項，代表獲獎的選手是比賽期間最有價值的球員。這個獎項的評比，往往不看重選手的個人特殊表現，而是選手在比賽期間，如何發揮自我帶領團隊成功。

也就是說，MVP不只是明星球員，更是帶動明星團隊的重要樞紐。

二○一○年獲選職棒球賽年度MVP的選手是兄弟象隊的恰恰彭政閔，雖然他並不隸屬於我熱愛的統一獅隊，但是對於他能夠獲得這個獎，我個人認爲實至名歸。

兄弟象隊因爲賭弊案有十七位球員被開除，整個球隊面臨崩解危機。整個球季幾乎沒有人會相信這樣的球隊能夠繼續打下去。

在球季開始前，有記者訪問碩果僅存的主力球員彭政閔，問他今年度的期望。彭政閔說：「我只希望我們的球隊能封王。」

記者聽了忍不住再問：「封王？你覺得有可能嗎？」一支損失明星球員、臨時拼組的球隊，想封王談何容易！

但是彭政閔說：「可能。只要我們相信，努力去做，沒有不可能的。」

結果七、八個月過去，兄弟象竟然眞的如願封王，而六度獲得MVP提名的彭政閔，也總算順利拿到他人生第一座MVP。

我認爲他得這個獎實至名歸的原因，可能不是球技最好、也不是那一年狀況最佳，而是評審看到他在整個球季裡對球隊的貢獻；凝聚全隊的信心和堅持追求團體勝利的決心，帶領團隊展現出驚人的表現。

一個人成功，不如兩個人成功

在超跑好手林義傑嶄露頭角的那一場比賽裡，最讓人感動的一幕，是在最後三公里的跑道上。當時，世界女子紀錄的保持者——紐西蘭華裔女將胡穎兒，原本超越林義傑保持領先的腳步，竟然也慢慢停了下來。

從記錄短片裡，觀眾可以清楚看到，林義傑的腳步追了上來，大跨一步越過胡穎兒，重新取得領先優勢。可是，沒跑兩三步，林義傑卻回頭了，他回頭跑到胡穎兒身邊，拉起她的手，接著以穩定而堅毅的腳步一起跑向終點。

短片裡，林義傑說：「最後三公里，令我尊敬且佩服的對手胡穎兒也放棄了，在超越她的那一剎那，我很清楚的聽到她的喘息聲。有個念頭閃過腦中，也許……也許（有些事）該讓它發生……」他的心告訴他，有些夢想可以使成就更偉大。

一個人成功，不如兩個人成功；自己成功，也幫助他人成功。在林義傑拉起胡穎兒的手往前跑的那一刻，我相信，很多人都對「成功」和「勝利」這些字眼的定義，有一番新的想法。

04

透過感恩的心，看到每個人的價值

每個人都有其價值，每個人的成就都可以為別人帶來好的影響。正面的能量可以相互影響，接近樂觀的人，你會變得樂觀；接近有毅力的人，你也會學會堅持。每一個在自己工作崗位上認真負責的人，都是值得尊敬和學習的人，當我們從中獲得幫助，一定要心存感謝。

感謝生命中的每一位貴人

我剛到信義房屋新生店上班的時候，孤家寡人的搬到台北，才發現台北居眞的大不易，光是房租就嚇死人了。

可是中壢到台北的距離實在太遠，每天花在通勤上也是一筆很大的花費。

所以，我鼓起勇氣向店長提出了一個要求：

「店長，請問我可不可以借住公司二樓的儲藏室？」

店長聽了當然嚇一跳，畢竟自開店來還沒有人提出過這樣的要求。

但是，只要店長同意，就算打地鋪，或要支付一點租金，都比在外租屋便宜，等到以後有一點存款，再來重新考量住的問題。只不過，店長也要答應才能開始這完美計畫。所以，我也做好被拒絕的心理準備了。

沒想到，店長一口答應：「好，文憲，儲藏室給你住，租金也不用了，只要你以後負責開門關門的任務就好。」

店長不但把房子的鑰匙和保全卡交給我，之後還帶我去買了一塊床墊，讓我可以不用打地鋪。

那一刻，我深深的體會到，店長是我的貴人。前一份工作的老闆同事，連我離職當天都不聞不問；但是眼前這位前輩，對我卻只有全然的信任，還拍著我的肩膀鼓勵我：

「好好加油！有任何問題，先跟店長說，店長幫你想辦法。」我想幸運之神是保佑我的，我決定要在房仲業好好打拚。

之後我變成全店上下班最方便的人，也變成全店最早上班、最晚下班的人。早上七點，下樓準時開門，晚上十一點關了門上樓就到家。

有一位阿伯，每天早上我開門就進來找我喝茶看免費報紙；看了幾個月後，他來找我賣房子，還誇我這年輕人每天都很準時上班，眞是有幹勁。

有一對夫婦，在十一點快關門了才進來說要租房子，當然也是很快就成交了，畢竟會在不尋常時機上門的客戶，往往是特別有需求或特別有誠意的客戶。甚至連讓人借廁所都可以帶來商機。

我非常感謝那一段歷程，店長是我的貴人，阿伯是我的貴人，連借廁所的小姐都是我的貴人，如果沒有他們，我不會有後來的成績；因爲在那段時間裡，我的成長不只是外在的業績、報酬，更有內在的心智與待人處事的態度。

每個人都是自己的貴人，只要我們決心改變、有所行動，我們就不會是永遠的輸家：每個人也都可能是別人的貴人，今天有人幫助我，明天我有能力也去幫助別人，大家彼此相助，最後大家都能獲得成功。

每個人都有其價值

我一直很尊敬一位美髮師傅。

媽媽中風病臥床榻十幾年，因爲行動不便，根本沒有辦法出門整理頭髮。爸爸和那位美髮師傅商量，問她可不可以來我家爲我媽媽修剪頭髮。

美髮師傅答應了，她利用平常店裡比較不忙的時間來我家，幫我媽媽洗頭、修剪頭髮。雖然媽媽沒有特別說什麼，但我永遠記得她在每一次頭髮修剪之後臉上那抹開心的笑容。

每一次剪髮後，爸爸總是追到樓梯上拿小紅包謝謝美髮師傅。每次她都推辭，但是爸爸認爲，她願意多花時間，跑一趟路來幫忙，眞的非常感謝。

這位美髮師傅或許不是世界頂尖的造型設計師，但是，她在工作之餘爲一位因爲受到病魔折磨而出不了門的女士帶來美麗，這成就更有價值。

一日之所需，百工斯爲備。

我們一天生活裡所需要的各種事物，都是由許許多多的人在自己工作崗位上努力所得來的。每一個人，只要在自己的工作崗位上認眞負責，完成自己應盡的任務，就是值得尊敬的人，也都是我們該感謝的人。

05

自己成功，也幫助他人成功

有時候，在幫助別人成功的同時，我們自己其實也贏得了勝利。當你想改變的時候，夥伴和目標領導者可以幫你很大的忙；而當你成功改變以後，你也一定能幫上你朋友的忙，請千萬不要吝惜伸出友善的手，讓每個人都能成功改變。

憲哥相信，很多人都成功了，你一定也會成功的。

努力會帶來感動，熱情更有強大的感染力

王建民致勝的關鍵是對棒球的熱情，林義傑致勝的關鍵是對跑步的熱情，魏德聖致勝的關鍵是對電影的熱情。而跆拳道選手蘇麗文能夠一而再、再而三的忍受腳傷的疼痛，不斷起身攻擊得分，也是因爲她對跆拳道的熱情。

能夠從你的工作中尋找到熱情，就等於你得到了能在職場裡勝出的入場券。唯有高手才能進入比賽，只有眞正的強者才能成功勝利，高手和強者都有賴熱情的支持，才能夠提煉出純度更高的實力，在比賽裡過關斬將、取得勝利。

我在十多年的時間裡，達成了超過一萬零五百小時的授課時數，憑藉的也是我對講師工作的熱情；每一天上課結束，我要求自己一定要在晚上十一點以前，完成部落格的內容更新，一定仔細回覆每一則留言，依靠的也是一股堅持到底的熱情。

我一直有個體會，有時候可敬的對手也可以是你的貴人，在改變行動的過程中，爲你帶來正面的影響，推動你前進。

我在學游泳的時候，剛開始決心挑戰一千公尺的長泳，常常游不完，屢屢很想放棄。可是，已經和自己做好約定了，怎麼樣都要先游完再說，再慢也沒關係。

之後，雖然一千公尺游完了，但速度始終快不了。我決定把隔壁水道的泳者當成競爭對手，想辦法游得比他快。

起初他游他的，我游我的，但是隨著競爭的決心，速度越來越快，他彷彿也接收到我無形的戰書，跟著也快游起來。果然，我們的速度都增加了。

顯然，在目標之前鎖定競爭對象，對於行動的進展是有所幫助的。適度的競爭，無疑是成功最好的催化劑。

進行鼓動營課程時，我會帶著自己的小電子琴，請助理協助學員以兩支寶特瓶放進綠豆，製作成有唰唰聲的加油棒。

我會在投影片上寫下節奏記號，帶領學員們練習，他們往往很快就能跟著我的哨子聲創造出驚人聲勢的加油聲；不只節奏明快，還整齊劃一。

當他們一次一次敲擊加油棒的時候，就像是擊起一聲又一聲出征的鼓聲，不只壯盛軍容，更鼓動人心。在現場，大家的表情總是從「冷漠」到「亢奮」。團體齊心的熱情，確實可以彼此感染。

同樣的，國際棒球比賽一開場，選手進場以後第一件事就是播放兩隊國歌。如果你是主場球隊，身邊坐的一定都是同樣幫自己國家代表隊加油的觀眾。

我有一回去看現場比賽幫中華隊加油，當喇叭播出中華奧會會歌：「山川壯麗、物產豐榮……」

隨著音樂，全場來幫中華隊加油的人，都一起唱了起來：「炎黃世冑、東亞稱雄……」

彷彿聲音越大，進軍奧運的機會就越大。

那天，中華隊打得特別精采，氣勢如虹，就好像有幾萬人的後盾一樣，完全不輸加拿大的猛烈攻勢。觀眾們不絕於耳的加油聲，讓場上的球員跟著燃燒、盡情表現。

可見得身邊有夥伴一起努力，我們會更積極行動。

給自己掌聲，也幫別人加油

選擇改變，當然要付出代價；只要你覺得值得，任何付出的代價都划算。因爲你想改變、你要改變；所以你一定要行動、絕對要堅持，過程中你所投注的一切，到最後都會轉化爲珍寶回饋到你手裡。

下定決心去行動，之後就鎖定目標、保持一定會成功的信念；遇上挫折、容易灰心的時候，更不能輕易放棄，不要在低潮的時刻做決定，先撐過難關再說。最重要的是，在你還沒有得到掌聲之前，**你要學會給自己鼓勵、自我激勵，告訴自己「我很好」、「我做得到」**。

隨時給自己和同伴們愛的鼓勵

好。

很好。

非常好。

棒。
很棒。
非常棒。
你的想法很新。
你的點子不錯。
你今天看起來容光煥發。
你看起來氣色不錯。
還有沒有更好的想法！
還有沒有更棒的點子？
你簡直是天才！
你真內行！
我以你為榮！

這些好話，請隨時對自己和對他人說。當你鼓勵自己、鼓勵別人，說得多、說得久，你會發現彼此眞的都越來越好了。

如果我們成功以後，也能去鼓勵身邊的朋友，幫助他們也能改變成功，我相信這個世界一定會越來越美好、每個人的改變也將越來越有成效。

請記住，憲哥永遠支持你開啓改變的行動、持續改變的計劃，在你全力以赴、堅持到底的過程中，成爲你的後盾。

我希望你能保持信心、積極改變。

不要害怕改變，不要害怕改變會失敗，畢竟不去改變、坐以待斃才會將我們導向末路。

如果透過改變的力量，幫助更多人有勇氣跳脫那個不斷抱怨的自己，擁有一個新的機會，你也可以和我一起幫助其他想改變的人。

改變具有影響力，也具有感染力。

挖掘你內心那股勇於改變的力量、聆聽內心渴望改變的鼓聲，設定目標、安排計劃、展開行動，你將有所改變，持續21天，你將看到自己的變化。

請繼續努力，憲哥永遠爲你加油。

我可以，你也可以

苦盡甘來的成功，才是永恆

蔡湘鈴（情境銷售力企業講師）

二〇一二年的一場演講

和憲哥結緣於一場大型演講，憲哥找來兩位來賓，這兩位來賓對我的影響很大。第一位來賓是憲哥的老同事歐吉桑，四十歲時決定一圓兒時的夢想——學鋼琴。看見影片中的歐吉桑彈奏著向左走向右走的旋律，我的眼淚忍不住掉了下來，感動的是那年我也四十歲，也有夢想，遲遲未行動的原因是擔心年紀，但歐吉桑也四十歲，他都可以，我爲什麼不行。

第二位來賓上班族晨型人林美華小姐，看到她的第一眼，和一般上班族沒兩樣，但是她的毅力卻讓我驚訝，每天早起寫晨間日記。憲哥邀請她來演講的時候，她的晨間日記不是只持續二十一天，或一個月、兩個月，而是持續了將近一千天。一樣是女性，她可以爲了一件狂熱的事連續做了一千次，我呢？

那天晚上聽完演講，我不似平常回家後嘰嘰喳喳地和老公分享，而是一個人靜靜地坐在床邊。那個夜晚，徹夜難眠，腦袋想著，我要怎麼走出去……。

已經擔任五年企業內部講師的我，一直很想擴大自己的視野，希望能從企業的保護傘走出去，成爲一位職業講師。想歸想，要成爲一位職業講師眞是不容易，首先得先接受沒有固定薪資這件事，我有兩個就學中的孩子，我不能讓孩子跟我一起喝西北風。

走出去是行動力的第一步

憲哥的一句話，促使我向前「人生有百分之四十把握，先行動再說」！於是我開始存生活備用金，大量閱讀書籍、到處聽演講，準備我的百分之四十。

走出去是行動力的第一步，但是離成功還有一段好遙遠的距離。

離職時正好是暑假期間，我每天和孩子睡到中午，晚上當夜貓子，摸到凌晨兩三點才睡，下午帶著孩子到處吃喝玩樂，過了一個頹廢又爽快的暑假。

開學前，孩子調回作息，我還是晚睡晚起。醒來後枯坐在家中等案子，行動電話不曾響起，我還用家裡電話打自己的行動電話，確認通訊沒問題。以前email總有回不完的信，當時，email還是好幾封，但都是廣告郵件。我想辦法將自己的行程排滿，到處去報名上課，找朋友出來吃飯喝下午茶，感覺自己很忙，但那是茫和盲。

我的存摺就像水塔的水位不斷下降，卻沒有收入進來，我開始擔心，再這樣下去我會坐吃山空，與其到時候再回頭找工作，我不如趕快找份有穩定薪資的工作。

這件事被憲哥知道了，我被狠狠地罵了一頓「怎麼可以還沒開始就放棄了！」憲哥一針見血地點出我的問題，爲了達成夢想，我唯一做的事只有「離職」，除此之外，我好像沒有做其他的努力。

行動力就是要訂出目標、列出要做的事，一步步去執行。

我想起晨型人林美華小姐，持續早起一定會遇到困難，例如天氣不佳、身體不適，她都可以克服，我也一定可以。

改變的五個勇氣

改變的第一件事：調整作息。我得想一個辦法，逼自己早起，並且無法作弊。於是我開始每天六點起床，在FB分享「當日各報頭條」。曾經有朋友問我，這種文章每天才得到幾個讚，爲什麼要每天分享呢？我回答：這是讓我醒來的方法。

憲哥每天都會來幫我的文章按讚，我感覺他是在鼓勵我。我不間斷地做了五十天，直到要出國才停下來，那時我已習慣早起了，到目前還是一樣。

改變的第二件事：維持自己的身體肌力。爲了不讓自己懶散，於是在FB分享完頭條新聞，我就去晨走，讓自己有精神，維持好的身形。這習慣到現在還維持著，讓我有好的體力可以支持連續數天的課程。透過健康檢查的報告證明，我的身體年齡愈來愈年輕。

改變的第三件事：找到自己的優勢和專長。不再到處上課學習，讓自己的知識變得更加精深，將憲哥和福哥曾經提醒我的地方確實調整。我明白，把一個技巧學到透徹，比學十個皮毛更有效。

改變的第四件事：Just do it。毛遂自薦，到保險公司免費提供早會演講，分享經驗與知識。慢慢的有企管顧問公司的夥伴知道我，願意幫我安排到企業講課，把握每一次上台的機會。透過企業的推薦，我的講課機會愈來愈多。

改變的第五件事：持續成長。到現在，每次課後我都會回顧課程，試想，還有沒有別的方法？還能怎麼進步？感謝我有兩位亦師亦友的前輩謝文憲（憲哥）及王永福（福哥），真誠無私地指導我，我會繼續在講師的道路上，努力著。

期待一帆風順的成功，那就是小成功；只有苦盡甘來的成功，才是永恆的成功。

若要用一句話來表達行動的力量和改變的勇氣，我會說：「堅持到底，不要放棄」。

國家圖書館出版品預行編目資料

行動的力量（暢銷慶功版）：21，心想事成的密碼／謝文憲作 . -- 初版 .-- 臺北市：春光出版：家庭傳媒城邦分公司發行, 2016（民105.12）
面； 公分

ISBN 978-986-120-567-0（平裝）

1. 自我實現 2. 成功法

177.2 99026971

行動的力量（暢銷慶功版）

21，心想事成的密碼

作　　者／謝文憲
企劃選書人／楊秀真
責 任 編 輯／張婉玲
採 訪 撰 文／游嘉惠

行 銷 企 劃／周丹蘋
業 務 主 任／范光杰
行銷業務經理／李振東
總　編　輯／楊秀真
發　行　人／何飛鵬
法 律 顧 問／台英國際商務法律事務所　羅明通律師
出　　版／春光出版
台北市104中山區民生東路二段 141 號 8 樓
電話：(02) 2500-7008　傳真：(02) 2502-7676
部落格：http://stareast.pixnet.net/blog
E-mail：stareast_service@cite.com.tw
發　　行／英屬蓋曼群島商家庭傳媒股份有限公司城邦分公司
台北市中山區民生東路二段 141 號11 樓
書虫客服服務專線：(02) 2500-7718 / (02) 2500-7719
24小時傳眞服務：(02) 2500-1990 / (02) 2500-1991
讀者服務信箱E-mail: service@readingclub.com.tw
服務時間：週一至週五上午9:30～12:00，下午13:30～17:00
劃撥帳號：19863813　戶名：書虫股份有限公司
城邦讀書花園網址：www.cite.com.tw
香港發行所／城邦（香港）出版集團有限公司
香港灣仔駱克道 193 號東超商業中心 1 樓
電話：(852) 2508-6231　傳眞：(852) 2578-9337
E-mail : hkcite@biznetvigator.com
馬新發行所／城邦（馬新）出版集團【Cité(M)Sdn. Bhd.】
41, JalanRadinAnum, Bandar Baru Sri Petaling, 57000 Kuala Lumpur, Malaysia.
電話：(603)90578822　傳眞：(603)90576622
E-mail : cite@cite.com.my

封 面 設 計／劉珈卉
內 頁 設 計／劉珈卉
內 頁 排 版／孫筱凡
印　　刷／高典印刷有限公司

■ 2011 年（民 100）3 月 1 日初版
■ 2021 年（民 110）8月10日二版27刷

Printed in Taiwan

售價／280元

城邦讀書花園
www.cite.com.tw

ISBN 978-986-120-567-0

廣 告 回 函
北區郵政管理登記證
台北廣字第000791號
郵資已付，免貼郵票

104台北市民生東路二段141號11樓
英屬蓋曼群島商家庭傳媒股份有限公司
城邦分公司

請沿虛線對折，謝謝！

遇見春光·生命從此神采飛揚

春光出版

書號：	OK0067X	書名：	行動的力量（暢銷慶功版）：21，心想事成的密碼

請於此處用膠水黏貼

讀者回函卡

謝謝您購買我們出版的書籍！請費心填寫此回函卡，我們將不定期寄上城邦集團最新的出版訊息。

姓名：______________________

性別：□男 □女

生日：西元__________年__________月__________日

地址：______________________

聯絡電話：__________ 傳真：__________

E-mail：______________________

職業：□1.學生 □2.軍公教 □3.服務 □4.金融 □5.製造 □6.資訊
□7.傳播 □8.自由業 □9.農漁牧 □10.家管 □11.退休
□12.其他 __________

您從何種方式得知本書消息？

□1.書店 □2.網路 □3.報紙 □4.雜誌 □5.廣播 □6.電視

□7.親友推薦 □8.其他 __________

您通常以何種方式購書？

□1.書店 □2.網路 □3.傳真訂購 □4.郵局劃撥 □5.其他 __________

您喜歡閱讀哪些類別的書籍？

□1.財經商業 □2.自然科學 □3.歷史 □4.法律 □5.文學

□6.休閒旅遊 □7.小說 □8.人物傳記 □9.生活、勵志

□10.其他 __________

請於此處用膠水黏貼